MANFRED BAUMANN
Glühwein,
Mord und Gloria

O TANNENBAUM, O MÖRDERTRAUM Lametta hatte der Salzburger Kommissar Merana schon als Kind nicht ausstehen können. Die hässlichen Stanniolfäden am Christbaum waren ihm ein Gräuel. Und dass er nun einen von der Bildfläche verschwundenen Laienschauspieler suchen soll, der sich auf der Bühne ausgerechnet Johnny Lametta nennt, verdirbt ihm die Weihnachtsstimmung endgültig. Doch was tut man nicht alles für einen ehemaligen Schulfreund, der noch dazu Pfarrer ist und dringend Geld für die Betreuung von aufgenommenen Flüchtlingen braucht. Die Aufführung der Krimi-Komödie »Lebkuchen, Leichen und Lametta« soll für die nötigen Einnahmen sorgen. Die Jagd nach dem verschwundenen Hauptdarsteller führt Merana bei dichtem Schneetreiben von einer grotesken Situation zur nächsten und endet schließlich, wie es sich für eine Weihnachtsgeschichte gehört, in einem Stall. Aber dort wartet kein Christkind, sondern eine böse Überraschung.

© Christian Streili

Manfred Baumann, geboren 1956 in Hallein/Salzburg, war 35 Jahre lang Autor, Redakteur und Abteilungsleiter beim ORF (Österreichischer Rundfunk). Der Krimi »Drachenjungfrau« wird vom ORF für die Reihe »Landkrimi« verfilmt.
Manfred Baumann ist auch bei facebook.
www.m-baumann.at

Bisherige Veröffentlichungen im Gmeiner-Verlag:
Salbei, Dill und Totengrün (2016)
Mozartkugelkomplott, Meranas 5. Fall (2015)
Maroni, Mord und Hallelujah (2014)
Drachenjungfrau, Meranas 4. Fall (2014)
Zauberflötenrache, Meranas 3. Fall (2012)
Wasserspiele, Meranas 2. Fall (2011)
Jedermanntod, Meranas 1. Fall (2010)

MANFRED BAUMANN
Glühwein, Mord und Gloria
Kriminelle Weihnachten

Besuchen Sie uns im Internet:
www.gmeiner-verlag.de

© 2016 – Gmeiner-Verlag GmbH
Im Ehnried 5, 88605 Meßkirch
Telefon 0 75 75 / 20 95 - 0
info@gmeiner-verlag.de
Alle Rechte vorbehalten
1. Auflage 2016

Lektorat: Claudia Senghaas, Kirchardt
Herstellung: Mirjam Hecht
Umschlaggestaltung: U.O.R.G. Lutz Eberle, Stuttgart
unter Verwendung eines Fotos von: © markusspiske / photocase.de
Illustrationen: Simone Hölsch unter Verwendung von:
© agrino – / © jennyzzz – fotolia.com; © Can Stock Photo Inc. / agrino /
alexokokok / Ceresnak / jstan / PixelEmbargo / rudall30
Druck: GGP Media GmbH, Pößneck
Printed in Germany
ISBN 978-3-8392-1950-8

Personen und Handlung sind frei erfunden. Ähnlichkeiten mit lebenden oder toten Personen sind rein zufällig und nicht beabsichtigt.

INHALT

Lebkuchen, Leichen und Lametta	9
Nikolaus, du toter Mann	79
Frautragen	137
Glühwein, Mord und Gloria	165
Dreikönigsmord	193

LEBKUCHEN,
LEICHEN UND LAMETTA

»Glooooooria! Glooooooria!«

Der Jubelruf schallte aus 32 Kinderkehlen, flog über die schneeflockenbedeckten Köpfe der Besucher hinweg und stieg auf in den Nachthimmel, an dem zwischen dicken Wolkenbänken einzelne Sterne blinkten.

»Gloria! In excelsis Deo!«

Die wuchtigen spätgotischen Flügeltüren des alten Pfarrhofes von St. Barbara standen weit offen, bereit, den Strom der Theaterbesucher für die Premiere des Weihnachtsspiels aufzunehmen. Dicke Flocken tanzten durch die Nacht, legten sich auf Mützen und Mäntel, landeten auf kalten Nasen und geröteten Wangen, kuschelten sich an weiche Locken, die unter Pelzkappen hervorquollen. In den Augen der Premierenbesucher, die allesamt noch im Freien standen, spiegelten sich die zuckenden Lichterstreifen der ringsum aufgestellten Fackeln.

»Engel singen frohe Lieder, jubelnd ertönt ihr Lobgesang.«

Die Salzburger Chorknaben und Chormädchen säumten, zu beiden Seiten aufgereiht, den verschneiten Weg zum Eingang des Pfarrhofs. Die Kinder steckten in hellen Umhängen und hielten große brennende Kerzen in den Händen.

»Von den Bergen schallt es wider, nie ward gehört ein solcher Klang!«

Zu den engelgleichen Kinderstimmen gesellten sich nun auch noch die Schläge der alten Turmuhr. Und – ein Ruf der Überraschung flatterte durch die Reihen der Zuhörer – da blökte doch tatsächlich ein Schaf! Weihnachtlicher geht es fast nicht mehr, dachte Merana und hielt neugierig Ausschau nach dem Herdentier. Aber er konnte keines entdecken. Also wandte er seine Aufmerksamkeit wieder den singenden Kindern zu.

»Gloooooria! Gloooooria!«

Eine gute Stunde später war erneut dieser Ruf zu hören.

»Gloooooria!«

Aber dieses Mal eindeutig schwächer. Und der Ruf kam auch nicht aus 32 fröhlich gestimmten Kinderkehlen, sondern aus dem röchelnden Mund eines alten Mannes, der sich mit verzerrtem Gesicht und leicht verrutschter Perücke auf einem billigen Ledersofa krümmte, nachdem ihm das Whiskeyglas aus der Hand gefallen war.

»Gloooooria!«

Der Ruf galt auch nicht der Lobpreisung des himmlischen Herrn, sondern einer auf jung geschminkten Dame, die eben durch die Kulissentür ins Zimmer stürzte und dabei um ein Haar den Mini-Weihnachtsbaum neben dem Requisitenkamin vom Hocker fegte. Die Hereinstürmende konnte gerade noch mit einer schnellen Armbewegung den Absturz der girlandengeschmückten Plastikfichte verhindern. Wie dem Programmheft zu entnehmen war, hörte die quirlige Frau auf den Namen Wendelgard Hupfknecht, war von Beruf Handarbeitslehrerin und verkörperte auf der Bühne Miss Honeymouth. Und die hieß mit Vornamen *Gloria.*

»Gloooooria!« Das erneute Röcheln verebbte kläglich, und Lord Albert Thistlebroom, Seniorchef der Rechtsanwaltskanzlei Thistlebroom, Thistlebroom & Hairybirch, dargestellt vom 47jährigen Eisenbahn-Fahrdienstleiter Isidor Wegner, rutschte endgültig von der Ledercouch, um bis zum Ende des zweiten Aktes den Bretterboden der Theaterbühne als Leiche zu zieren. Beim Anblick des toten Lords stieß Miss Honeymouth einen spitzen Schrei aus, sank händeringend in die Knie und warf sich hysterisch kreischend auf den theatralisch hingestreckten Fahrdienstleiter. Durch die Wucht ihres Spiels landete die Handarbeitslehrerin mit zu viel Schwung am knochigen Körper des ÖBB-Bediensteten. Der Tote stöhnte auf, was die Zuschauer zu einem an dieser Stelle von der Regie nicht vorgesehenen Lachen verleitete. Doch die Handarbeitslehrerin ließ sich von der unerwarteten Publikumsreaktion nicht aus ihrem darstellerischen Konzept bringen. Sie rang weiterhin verzweifelt die Hände, bedeckte die bedrohlich verrutschte Perücke des verblichenen Lords mit Küssen und warf dazwischen immer wieder einen Blick zur geöffneten Zimmertür, als erwarte sie jemanden. Ein weiteres kurzes Stöhnen drang an Meranas Ohr. Das kam allerdings nicht von der Bühne, sondern von seinem Begleiter, der mit säuerlicher Miene und verkrampften Händen seinen Glühweinbecher umschloss. Abteilungsinspektor Otmar Braunberger war vom dramatisch engagierten Spiel auf der Bühne offensichtlich wenig begeistert. Merana konnte es ihm nachfühlen. Ihm erging es ähnlich. Er schaute auf die Uhr. Wenn die angegebenen Zeiten im Programmheft nur halbwegs stimmten, dauerte es noch gut eine Viertelstunde, bis die Hauptspeise serviert wurde. Lammmedaillons mit Rotweinlinsen. Darauf freute sich der Kommissar. Er hob vorsichtig den Becher hoch, um kein störendes Geräusch zu verursachen, und prostete stumm seinem Begleiter zu. Der erwiderte die Aufforderung mit einem gequälten Lächeln, hob ebenfalls die Schale und nahm einen letzten Schluck des inzwischen längst kalt gewordenen Glühweins.

Kommissar Martin Merana, Leiter der Abteilung Mord/Gewaltverbrechen in der Bundespolizeidirektion Salzburg, hatte vor zwei Wochen seinen Mitarbeiter Otmar Braunberger um einen Freundschaftsdienst gebeten. Er möge ihn doch bitte zu einem Theater-Benefizabend begleiten. Normalerweise mied Merana weihnachtliche Veranstaltungen jeglicher Art. Und auch Theaterdarbietungen von noch so engagierten Laiengruppen gehörten nicht zu seinen bevorzugten Freizeitvergnügen. Aber Anfang Dezember war Bastian Rosner in Meranas Büro aufgetaucht, um ihn persönlich einzuladen. Bastian war nicht nur ein alter Schulfreund aus Meranas Pinzgauer Kindertagen, er hatte auch vor drei Jahren die Leitung der Pfarre St. Barbara im Süden der Stadt Salzburg übernommen. Davor war er viele Jahre als Missionar in Afrika im Einsatz gewesen. Seit Bastians Rückkehr hatte Merana losen Kontakt zum engagierten Kirchenmann gehalten. Und als ihm der ehemalige Schulfreund von sei-

nem Projekt erzählte, wollte sich der Kommissar bei
aller Aversion gegen vorweihnachtliche Spektakel der
Einladung nicht entziehen. Denn Pfarrer Rosner tat
alles, um Geld für die Unterbringung von Flüchtlingen
im Pfarrheim zu sammeln. Als ihm die Mitglieder des
Pfarrgemeinderats vorschlugen, einen Benefiz-Thea-
terabend mit weihnachtlichem Dinner zu veranstalten,
hatte er zugesagt. Und so saß Martin Merana an diesem Sonntagabend an der Seite seines Freundes und
Mitarbeiters Otmar Braunberger an einem der dicht
besetzten Tische im Mehrzwecksaal des Pfarrhofs, der
mit viel Liebe und großem Einsatz zu einem Theater-
raum umgebaut worden war. Pfarrer Rosner hatte den
Kommissar am »Prominententisch« platziert. Merana
wäre lieber weiter hinten gesessen, aber er wollte die
freundlich gemeinte Geste seines Jugendfreundes nicht
ausschlagen. Mit Merana und dem Abteilungsinspektor
saßen noch ein stadtbekannter Architekt und dessen
jugendliche Gattin, der stellvertretende Chefredakteur
einer Tageszeitung und die Ehefrau eines Stadtrates am
Tisch. Ein weiterer Stuhl war inzwischen verwaist, denn
Stadtrat Gotthelf Kreuzer hatte sich in der Pause nach
dem ersten Akt verabschiedet. Eine dringend einberu-
fene Fraktionssitzung halte ihn leider vom Vergnügen
ab, dem Spiel weiter beizuwohnen, wie er mit Bedauern feststellte. Merana kannte Stadtrat Kreuzer von
einigen öffentlichen Auftritten. Der etwas ungelenke,
korpulente, aber wortgewandte Politiker ließ keine
Gelegenheit aus, von der Vorbildfunktion der Ehe als
Stütze der Familie und Säule des Staates zu schwärmen. Ähnliches hatte er auch heute von sich gegeben,

als er nach Pfarrer Rosners Eröffnung um eine kurze Rede gebeten worden war und dabei auch die Grüße des bedauerlicherweise verhinderten Stadtoberhauptes überbrachte. Kreuzer hatte sich nicht einmal mehr Zeit genommen, von der Suppe zu kosten, die nach dem ersten Akt serviert worden war. »Leider, leider, die Pflicht ruft.« Seine Ehefrau, die am Tisch zurückblieb, hatte den flüchtig hingehauchten Abschiedskuss mit leicht angefressener Miene quittiert. Die Maronischaumsuppe mit Lebkuchennockerl schmeckte wunderbar und übertraf die Qualität des bisherigen Bühnenspiels um Längen. Darin waren sich der Kommissar und sein Abteilungsinspektor einig. Beide hatten von Anfang an keine allzu großen Erwartungen an den Tag gelegt. In jedem Fall war der Feuereifer der agierenden Laientruppe zu bewundern. Die Hobbyschauspieler hatten viel Freizeit investiert, um im Dienst einer guten Sache eine aufwendige Theaterproduktion auf die Beine zu stellen. Aber so gut das Engagement auch gemeint war, es konnte über eine schmerzliche Tatsache nicht hinwegtäuschen: Das ausgewählte Stück war einfach grottenschlecht! Merana hatte bereits ein ungutes Gefühl gehabt, als er vom Titel erfuhr. »Lebkuchen, Leichen und Lametta«. Lebkuchen mochte er, mit Leichen hatte er von Berufs wegen zu tun, aber Lametta war ihm ein Gräuel! Schon als Kind hatte der Kommissar dem silbrigen Weihnachtsschmuck nichts abgewinnen können. Ihm waren die glänzenden Fäden an den Christbaumästen immer wie hässliche Silberwürmer erschienen. Doch der Name bezog sich im Theaterstück gar nicht auf die vernickelten Metallfäden, sondern auf die Hauptfigur, Johnny Lametta, einen schnöseligen Privatdetektiv, zugleich herzensbrechender Womanizer, der nur Fälle übernahm, die sich während der Weihnachtszeit ereigneten. Und um einen solchen handelte es sich auch beim gegenwärtigen Spiel. Lady Eleonore Chatterwing liebte nicht nur Reitpferde, junge Männer und schnelle Autos, sie war auch erfolgreiche Produzentin von weltweit gehandelten Lebkuchen. »GAW« hieß das Unternehmen, »Gingerbread Around the World«. Eines Morgens fand die umtriebige Lady einen Drohbrief in ihrer Post. Sie bat den langjährigen Rechtsbeistand der Familie um Rat, Lord Albert, 19. Earl of Thistlebroom. Der wandte sich an Gloria Honeymouth. Die junge Dame war nicht nur sein Mündel, sondern auch die Assistentin von Johnny Lametta. So begann der weihnachtserprobte Privatschnüffler zu ermitteln, und das Spiel kam ins Rollen. Schon im ersten Akt hatte die Köchin dran glauben müssen. Sie war mit dem Kopf voran im Ofenrohr gefunden worden, einen Bratspieß im Rücken und einen halb aufgetauten Weihnachtskarpfen in den Händen. Und jetzt hatte auch noch der stets ergebene treue Rechtsbeistand der Familie Chatterwing das Zeitliche gesegnet. Offenbar war ihm der vom Privatsekretär der Lady verabreichte Whiskey nicht bekommen.

Der Abteilungsinspektor stieß den Kommissar an und deutete mit dem Kinn zur Bühne. Dort schluchzte Gloria Honeymouth nach wie vor herzzerreißend über dem Körper des bewegungslos daliegenden Eisenbahners. Ihre Augen wanderten dabei immer wieder zur halb geöffneten Kulissentür. Aber niemand erschien.

Einige Zuschauer wurden allmählich unruhig, denn außer Schluchzen und verzweifeltes über den Körper Beugen passierte schon seit Minuten nichts. Selbst der Tote hielt es nicht mehr aus. Er drehte kurz den Kopf und äugte zur Tür. Schließlich erhob sich die Assistentin von Johnny Lametta und näherte sich der Kulissentür. Sie blickte nach draußen. Im selben Augenblick senkte sich der Vorhang. Ein deutlich wahrnehmbares Aufatmen machte sich unter den Besuchern breit. Sessel wurden gerückt. Heiterkeit flackerte auf, der Geräuschpegel schwoll an. Alle freuten sich auf die Lammmedaillons. Für Vegetarier hatten die Helferinnen der nahe gelegenen Haushaltsschule Gemüselasagne vorbereitet. Merana kontrollierte die Uhr. Der zweite Akt hatte um zehn Minuten früher geendet, als angegeben. Auch die Musiker waren offenbar nicht darauf vorbereitet gewesen. Der Saxofonist musste erst seine Noten suchen, um zusammen mit dem kahlköpfigen Pianisten und der dunkelhäutigen Frau am Kontrabass die Besucher während der Pause mit jazzigen Arrangements bekannter Weihnachtslieder zu erfreuen.

»Martin, kannst du bitte kurz hinter die Bühne kommen?«

Pfarrer Rosner stand an ihrem Tisch. Der Kommissar hatte ihn gar nicht kommen gesehen. Die Miene des Priesters war besorgt. Es brauchte gar nicht den Spürsinn von erfahrenen Kriminalisten, um mitzubekommen, dass irgendetwas im Spiel auf der Bühne nicht gestimmt hatte. Was war passiert? Merana und Braunberger erhoben sich von den Stühlen. Der Abteilungsinspektor warf noch einen sehnsüchtigen Blick auf die nach Rosmarin duftenden Lammstücke, die eben serviert wurden. Dann folgten die beiden Polizisten dem Kirchenmann hinter die Bühne.

Dort trafen sie auf die erregt durcheinander schnatternde Schar der Mitwirkenden. Zwischen Requisiten, Schminkspiegeln, Kostümen und zu Sitzen umfunktionierten Bierkisten debattierten auf engstem Raum vier weibliche und fünf männliche Darsteller, ein Techniker und eine Souffleuse.

»Was ist passiert?« Beim Eintreffen der beiden Polizisten verstummte das Geschnatter.

»Der Engelbert ist verschwunden!«

Engelbert? Damit war offenbar Engelbert Fadmann gemeint. Der schmächtige Landesbeamte spielte die Hauptrolle. Er war zu Beginn des zweiten Aktes noch als Johnny Lametta auf der Bühne gestanden, hatte den zwielichtigen Privatsekretär von Lady Chatterwing verhört. Offenbar war er es gewesen, den die verzweifelt über den toten Lord gebeugte Gloria Honeymouth erwartet hatte.

»Was heißt, er ist verschwunden? Wohin?«

In der nächsten Sekunde setzte das wilde Durcheinander wieder ein. Jeder wollte seine Sicht des rätselhaften Vorfalles mitteilen. Ein lautes Scheppern war zu vernehmen. Das unterbrach kurz das Geschnatter. Monika Fürnkranz, die tote Köchin mit dem Bratspieß im Rücken, hatte mit weit ausholender Armbewegung einen der Schminkspiegel zu Boden befördert. Das Klirren war wohl bis in den Zuschauerraum gedrungen, aber dort hatte es keiner mitbekommen. Die Mischung aus munteren Tischgesprächen und den flotten Klän-

17

gen einer schwungvollen Version von Jingle Bells übertönte alles.

Pfarrer Rosner schlug vor, in einen der beiden Seminarräume zu wechseln, die im Nebengebäude lagen. Dort war es zwar kalt, aber man hatte mehr Platz. Der gesamte Theatertrupp, einschließlich der beiden Polizisten, übersiedelte ins Nebenhaus. Das weiterhin aufgeregte Stimmengewirr war nur schwer einzudämmen, aber mithilfe des ruhig und dennoch energisch agierenden Pfarrers gelang es schließlich, den Ablauf zu rekonstruieren. Wie alle anderen Darsteller war auch Engelbert Fadmann vor Beginn der Premiere hochgradig nervös gewesen. Diesen Eindruck hatte der Landesbeamte auch auf der Bühne nicht zu kaschieren vermocht. Laut Regieanweisung sollte der Privatdetektiv vor allem durch cooles Auftreten bestechen. Aber der zappelige Fadmann hatte zweimal sein Stichwort vergessen und war zudem einmal zu früh in die Szene geplatzt. Nur der Geistesgegenwart von Gerhild Mayer in der Rolle von Lady Chatterwing war es zu verdanken, dass die Zuschauer den Fauxpas kaum bemerkten. Nachdem Fadmann seine Verhörszene zu Beginn des zweiten Aktes halbwegs fehlerfrei absolviert hatte, wandte er sich an die Souffleuse Pamela Grünbaum, die in der rechten Kulissengasse stand. Er wolle sich kurz die Beine vertreten, teilte er mit. Das würde seiner Nervosität gut tun. Außerdem könne er draußen besser den Rest seines Textes memorieren. Die Souffleuse hatte nichts dagegen einzuwenden. Immerhin blieben dem Landesbeamten gut 20 Minuten Zeit, ehe er gegen Ende des Aktes wieder auf die Bühne musste, um seine Assistentin neben der

Leiche des toten Lord Thistlebroom zu entdecken. Aber Engelbert Fadmann war nicht mehr zurück gekommen.

Merana und sein Abteilungsinspektor blickten einander an. Braunberger rechnete nach. »Das heißt also, Herr Fadmann verließ gegen 21.10 Uhr den Raum hinter der Bühne und ging nach draußen ins Freie.«

Pamela Grünbaum, im Zivilberuf Zahnarzthelferin, nickte. Gerhild Mayer und Wendelgard Hupfknecht, die sich zu dieser Zeit ebenfalls hinter der Bühne aufhielten, bestätigten die Angaben der Souffleuse.

»War sonst jemand von Ihnen im Freien?«

Ein junger Mann mit dunklem Teint und schwarzem Schnurrbart hob die Hand.

»Ja, ich.« Saleh Ansary wohnte seit zwei Monaten mit seiner Familie im Pfarrhof. Der studierte Informatiker aus Afghanistan sprach einigermaßen gut Deutsch. Deshalb hatte Pfarrer Rosner ihn eingeladen, bei der Theateraufführung mitzuwirken. Er spielte Ramesh Bluespice, den zwielichtigen Privatsekretär von Lady Chatterwing, der sich aber gegen Ende des Stücks als eingeschleuster CIA Agent erweisen sollte.

»Ich bin gegangen hinaus, weil Engelbert nicht wieder gekommen, und Pamela mich hat gebeten, nachzuschauen. Bin gelaufen, habe gerufen Namen, aber nicht gesehen Engelbert. Musste kehren zurück, um auf der Bühne dem Lord zu servieren den Whiskey.«

»Ich war die ganze Zeit im Saal nahe der Eingangstür«, ergänzte der Pfarrer. »Als ich bemerkte, dass Engelbert nicht auf der Bühne erschien, bin ich außen herum gelaufen, um hinter den Bühnenbereich zu kommen. Aber auch ich habe ihn draußen nicht entdeckt. Ich bin dann von hinten rein ins Gebäude und gab Anweisung, den Vorhang zu schließen.«

Merana und Braunberger blickten in die Runde der Theaterleute. Sie wirkten aufgescheucht wie eine Schar Hühner, die sich vor dem Fuchs fürchtete.

»Wir werden Taschenlampen organisieren und in kleinen Truppen die Umgebung absuchen. Vielleicht ist Herrn Fadmann nur übel geworden, vielleicht ist er bei den winterlichen Verhältnissen ausgerutscht, Opfer eins Sturzes geworden. Abteilungsinspektor Braunberger wird die Suche koordinieren.« Alle nickten betreten.

Der Pfarrer erklärte das weitere Vorgehen. »Ich werde den Musikern und der Küche Bescheid geben. Man soll das Dessert vorziehen. Wenn wir Engelbert nicht innerhalb einer halben Stunde gefunden haben, müssen wir die Veranstaltung abbrechen.«

Merana wandte sich wieder an die versammelte Gruppe. »Möchte jemand etwas hinzufügen? Gibt es von Ihnen noch irgendeine Vermutung zum Hergang dieses rätselhaften Verschwindens?«

Alle schwiegen, die meisten schüttelten den Kopf. Wendelgard Hupfknecht starrte mit versteinertem Gesicht auf Gerhild Mayer. Den beiden Polizisten war der Blick nicht entgangen.

»Frau Hupfknecht, möchten Sie etwas sagen, das uns vielleicht weiter hilft?«

Die Handarbeitslehrerin zuckte zusammen, fühlte sich offenbar ertappt. Sie schüttelte mürrisch den Kopf. Sie steckte immer noch im silberfarbenen Cocktailkleid, das Gloria Honeymouth im zweiten Akt trug. Es erinnerte Merana an einen zerknüllten Haufen von Lamettafäden. Seine Großmutter hatte in seiner Kindheit den Weihnachtsbaum immer mit Strohsternen, Lebkuchen und Bauernäpfeln geschmückt, wie das auf dem Land so üblich war. Doch in der Nachbarschaft gab es durchaus den einen oder anderen Christbaum zu entdecken, der aussah, als hätte jemand im Vollrausch wahllos bündelweise Lametta auf die Äste geknallt. Einen ähnlichen Eindruck erweckte das Bühnenkleid der Detektiv-Assistentin.

»Frau Hupfknecht?«

Anstelle der Handarbeitslehrerin meldete sich Gerhild Mayer: »Nun spuck es schon aus, Wendelgard. Was du sagen willst, ist sicher gegen mich gerichtet.«

Wendelgard Hupfknecht schoss von ihrem Stuhl hoch. »Ganz genau, Gerhild. Wenn Engelbert etwas zugestoßen ist, dann ist das ganz alleine deine Schuld. Er ist eine zarte Seele, aber davon versteht eine so unsensible Frau wie du nichts. Engelbert hat es sich sehr zu Herzen genommen, dass du nach der Generalprobe gelästert hast, er bringe im dritten Akt bei eurem Schlussdialog ständig die Stichworte durcheinander. Das war gemein. Ich weiß, warum du das gesagt hast. Weil du nicht ertragen konntest, dass Engelbert ausdrücklich den Entwurf meiner Kostüme gelobt hat und über deine Beleuchtungsaktion kein einziges Wort verlor.«

Gerhild Mayer arbeitete in der Verwaltung der Salzburger Festspiele. Durch ihre Beziehungen hatte die Laientruppe einige Scheinwerfer aus dem Fundus der Festspiele gratis zur Verfügung gestellt bekommen. Lady Chatterwing warf sich in Positur, stemmte ihre Hände in die Seiten ihrer Reiterjacke. »Ich habe nicht gelästert, verehrte Wendelgard, sondern nur eine professionelle Feststellung angebracht, wie das unter Bühnenkollegen üblich ist.«

Noch ehe die Handarbeitslehrerin erneut aufbrausen konnte, bremste sie ihr Ehemann ein, Ferdinand Hupfknecht. Der gelernte Heizungsmonteur war Bühnenbildner und Beleuchter in Personalunion.

»Beruhige dich, Wendelgard. Gerhilds Bemerkung gegenüber Engelbert war wirklich harmlos. Und außerdem bringt uns dieser Disput jetzt nicht weiter.«

Das Lamettakostüm platzte fast aus den Nähten, als die Handarbeitslehrerin den Arm ihres Ehemannes wegstieß. Gloria Honeymouth ließ sich nicht einbremsen.

»Wage es ja nicht, dich auf ihre Seite zu stellen, Ferdinand! Nur weil sie für deine dämlichen Beleuchtungsschienen ein paar mickrige Scheinwerfer angekarrt hat, kann sie sich nicht alles herausnehmen!«

Lady Chatterwings Stimme nahm den Klang von klirrenden Eiswürfeln an. »Und außerdem, meine Liebe, war Engelbert gar nicht beleidigt. Er hat mich gestern Abend sogar extra zu Hause besucht. Wir sind den Dialog aus dem dritten Akt so lange durchgegangen, bis jeder Übergang saß.«

Die Cocktailkleidträgerin wirbelte herum, sie rang nach Luft. »Engelbert bei dir zu Hause? Nie und nimmer! Das hättest du wohl gerne. Das hätte er mir nie angetan! ... Ich meine, das wäre völlig unter seiner Würde ... Was bildest du dir ein?«

Sie hob die Hände, ihre Finger wurden zu Krallen. Noch ehe der Pfarrer und die beiden Polizisten reagieren konnten, mischte sich die ermordete Köchin ein,

Monika Fürnkranz. Die wackere Metzgermeisterin warf ihren stattlichen Körper zwischen die beiden zankenden Frauen. Isidor Wegner, der 19. Earl of Thistlebroom, fühlte sich bemüßigt, Gerhild Mayer zuzustimmen, während die Zahnarzthelferin sich eher auf die Seite der Handarbeitslehrerin schlug. Pfarrer Bastian Rosner schickte ein kurzes Stoßgebet in Richtung Zimmerdecke. Die beiden Polizisten bereuten nicht zum ersten Mal, dass sie an diesem Abend nicht zu Hause geblieben waren. Heute war der dritte Adventsonntag. In der weihnachtlich glitzernden Stadt schneite es. Dicke, weiche Flockenpracht legte sich behutsam auf all die Kirchen, Konzerthäuser, Theaterräume, Schulgebäude, Festspielhallen, in denen harmonisch gestimmte Menschen einer der unzähligen Salzburger Adventveranstaltungen beiwohnten. Allerorts wurde von Friede und Freude gesungen. An allen Stätten herrschte Eintracht und Harmonie. Und der Chef der Salzburger Mordkommission stand mit seinem wichtigsten Mitarbeiter im schlecht geheizten Seminarraum eines Pfarrhofs und erlebte Krieg! Zickenkrieg! Furien, die sich gegenseitig in die Haare gerieten. Und zu allem Überfluss war auch noch ein laienschauspielender Landesbeamter wie vom Erdboden verschluckt!

Johnny Lametta war verschwunden!

Das klang wie der billige Titel eines Groschenromans. Merana wünschte sich weit weg. Plötzlich blökte ein Schaf. Irritiert hielten die zankenden Theaterleute inne. Ferdinand Hupfknecht zog mit einem verlegenen Lächeln sein Handy aus der Tasche. Das Blöken wurde lauter.

»Du mit einem dämlichen Klingelton!«, fauchte Gattin Wendelgard und strich sich die Silberfäden ihres Kleides glatt.

Merana erkannte das Blöken. Er hatte es schon vorhin während des Gesangs der Kinder vor dem Eingang zum Pfarrhof wahrgenommen.

Hupfknecht aktivierte das Display. Er stieß einen leisen Schrei aus.

»Es ist eine Nachricht von Engelbert.«

»Lesen Sie vor!« Meranas Stimme war laut geworden. Das Staunen im Gesicht des Heizungsmonteurs wuchs.

»Es ist nur ein Wort, das hier steht: HILFE.«

Im Hauptgebäude schoben sich die 150 spendenfreudigen Besucher die letzten Stücke des köstlichen Lammfleisches in die immer noch hungrigen Münder. Es tat gut zu wissen, dass man mit jedem Bissen, den man verschlang, mit jeder Sekunde, die man dem Theaterspiel lauschte, mit jedem Schluck Glühwein, den man genoss, mit jedem Lebkuchenstück, das man in sich hineinschob, den armen Menschen half, die unter schrecklichen Umständen aus ihrer Heimat fliehen mussten, und nun hier Zuflucht gefunden hatten. Einige der Flüchtlinge saßen sogar mitten unter ihnen, an einem eigenen Tisch. Charity war eine wunderbare Gelegenheit, das eigene mulmige Gefühl zu beruhigen, weil es einem um so vieles besser ging als diesen armen Teufeln. Und gerade zur Weihnachtszeit wärmte einem die eigene spendable Hilfsbereitschaft das Herz noch mehr. Das Dessert wurde serviert. Die Combo hatte bereits zur Wiederholung des Weihnachtsliedermedleys angestimmt, denn man war nicht auf eine derart lange Unterbrechung vorbereitet.

»Hilfe?« Handarbeitslehrerin Wendelgard Hupfknecht hatte als Erste auf die Nachricht reagiert. »Es ist ihm etwas zugestoßen. Der arme Engelbert!«

Merana hatte sich das Handy reichen lassen. Er probierte, die Nummer zurückzurufen, von der die Nachricht eingelangt war. Es meldete sich nur die Stimme der Mobilbox. Auch zwei weitere Versuche brachten keinen Erfolg. Wendelgard Hupfknecht war immer noch aufgebracht.

»Was bedeutet das, wenn Engelbert nur eine kurze Nachricht abschicken konnte, und nun nicht mehr antwortet? Nichts Gutes. Ein Unfall. Eine Entführung! Ein schreckliches Verbrechen! Etwas Grauenvolles ist passiert, ich fühle es!« Ihre Stimme kippte ins Kreischen.

»Vielleicht war da so ein mohammedanisches Terrorkommando am Werk!« Nun legte sich auch der ÖBB-Fahrdienstleiter ins Zeug und lieferte seine Theorie. »Diese IS-Muselmanen dulden nicht, dass wir christliche Menschen in unserer christlichen Heimat unser christliches Weihnachtsfest feiern!«

»Oder es war einer von diesen glatt geschorenen Nazi-Fanatikern!« Die mollige Metzgermeisterin krempelte die Ärmel ihrer blutbefleckten Theaterschürze hoch, als wolle sie eigenhändig den nächsten Glatzköpfigen erwürgen. »Diesen Rechtsextremen passt es nicht, dass wir uns für die armen Flüchtlinge einsetzen!«

Merana und Braunberger hoben nahezu gleichzeitig die Hände.

25

»Ruhe! Bitte keine abenteuerlichen Schlussfolgerungen! Vielleicht hat alles eine ganz simple Erklärung.« Der 19. Earl of Thistlebroom wollte seiner Terrorkommandotheorie offenbar noch etwas hinzufügen, aber Meranas Handbewegung schnitt ihm das Wort ab.

»Tatsache ist, auf Herrn Hupfknechts Mobiltelefon ist eine Nachricht eingegangen, die lautet HILFE. Abgeschickt wurde sie offensichtlich von Engelbert Fadmanns Handy. Dieser Spur werden wir jetzt nachgehen.«

Die beiden Kriminalisten verteilten die Aufgaben. Der Großteil der Theaterleute sollte, aufgeteilt in Zweiergruppen, die unmittelbare Umgebung absuchen. Ferdinand Hupfknecht würde für Taschenlampen sorgen. Abteilungsinspektor Braunberger würde sich um die Handyortung kümmern. Merana wollte zusammen mit Pfarrer Rosner die persönlichen Sachen von Engelbert Fadmann in der Garderobe durchsuchen, vielleicht fand sich ein Hinweis, der ihnen half, Licht in die mysteriöse Angelegenheit zu bringen.

»Ich komme mit«, entschied Lady Chatterwing in Gestalt der Festspielverwaltungsmitarbeiterin Gerhild Mayer. »Ich kann Ihnen dabei sicher helfen. Immerhin bin ich mit Engelbert sehr vertraut.«

Doch sie hatte die Rechnung ohne Gloria Honeymouth gemacht. »Das könnte dir so passen, Gerhild! Wenn jemand Engelberts Persönlichkeit wahrhaftig kennt, dann bin ich es!« Pfarrer Rosner wollte protestieren, aber der Kommissar wehrte ab. »Okay, Sie kommen beide mit!« Das Gezicke ging ihm auf den Geist. Er wollte keine Zeit verlieren. Vielleicht konnten die beiden tatsächlich eine Hilfe sein, wenn sie schon dem Landesbeamten so nahe standen, wie sie behaupteten. Außerdem hatte er auf diese Weise die beiden Streithennen besser unter Kontrolle. Auf einen weiteren Mord abseits der Bühne konnte er verzichten.

Auf dem Weg zum Hauptgebäude wandte sich Merana an den Pfarrer. »Hatte Herr Fadmann sein Handy überhaupt bei sich? Störte das nicht auf der Bühne?«

Noch ehe Bastian Rosner antworten konnte, mischte sich Wendelgard Hupfknecht ein.

»Engelbert braucht das Handy als Requisit am Ende des zweiten Aktes. Johnny Lametta ruft damit den unehelichen Sohn von Lady Chatterwing an, um ihm eine Falle zu stellen. Denn der ist in einen Skandal verwickelt. Der internationale Lebkuchenhandel dient in Wahrheit nur als Tarnung für den Verkauf von Mikrochips mit geheimen Daten, die in den Backwerken versteckt sind.«

Merana ließ deutlich hörbares Knurren vernehmen. Mikrochips in Lebkuchen! Spionagematerial im Weihnachtsgebäck! Ihn fröstelte. Wenn im Verschwinden des Hauptdarstellers etwas Gutes steckte, dann in jedem Fall die Tatsache, dass der Kommissar sich diesen Bühnen-Schwachsinn nicht mehr bis zum Ende anschauen musste.

Fadmanns persönliche Sachen lagen, zusammen mit den Kleidungsstücken der übrigen Mitwirkenden, im Büro des Pfarrers, das kurzfristig als Garderobe herhalten musste. In Mantel, Hose und Jacke fanden sie nichts Auffälliges. In einer schmalen Umhängetasche entdeckten sie den Führerschein, einen Reiseführer über Madeira und die Brieftasche.

»Engelbert plant, im April auf Madeira Urlaub zu machen. Das erzählte er mir gestern, als wir bei mir zu Hause den dritten Akt durchgingen.« Wendelgard Hupfknecht fixierte ihre Konkurrentin mit eisigem Blick. Offenbar hatte Johnny Lametta ihr nichts von seinen Reiseplänen verraten.

Merana zog eine kleine bebilderte Karte aus Engelbert Fadmanns Brieftasche. Romantikgasthof Hummelberger. »Hat Herr Fadmann Ihnen gegenüber einmal dieses Gasthaus erwähnt?« Er zeigte den Mini-Folder in die Runde. Die beiden Frauen belauerten einander, ob die jeweils andere etwas darüber wüsste. Schließlich schüttelten beide den Kopf, erleichtert, dass auch die Konkurrentin keine Ahnung hatte.

»Ich war dort einmal zum Essen eingeladen«, bemerkte der Pfarrer. »Im Anschluss an eine Trauung. Aber Engelbert hat mir gegenüber das Gasthaus nie erwähnt.«

Merana drehte die Karte um. Jemand hatte ein paar Ziffern auf die Rückseite gekritzelt. 304/309.

»Sagen Ihnen diese Zahlen etwas?«

Die beiden Frauen verneinten. »Könnten das Zimmernummern sein?«, fragte Bastian Rosner. Daran hatte Merana auch schon gedacht.

»Ich fahre dorthin«, entschied der Kommissar.

»Ich komme mit!«, kam es fast zeitgleich aus dem Mund der beiden Hobbyschauspielerinnen.

Merana schnaubte kurz auf. »Meinetwegen. Aber ziehen Sie sich vorher um. Oder wollen Sie weiter so herumlaufen? In Lametta-Fummel und adeligem Reitkostüm?«

Während die beiden Frauen sich im Pfarrbüro umzogen, ließ sich der Kommissar in aller Eile von seinem Jugendfreund über die beteiligten Personen informieren.

»Engelbert Fadmann, 41, Beamter der Salzburger Landesregierung. Wenn mich nicht alles täuscht, ist er im Umweltreferat tätig. Überaus korrekt, aber schüchtern. Seit zwei Jahren im Pfarrgemeinderat. Agiert auch dort eher zurückhaltend.«

»Läuft da irgendetwas mit einer der beiden Frauen?«

Der Pfarrer lächelte. »Ich kann mir das schwer vorstellen. Ich halte das eher für ein Wunschdenken der beiden Damen. Die Ehe der Hupfknechts scheint nicht die allerbeste zu sein. Wendelgard ist eine heillose Romantikerin, die immer noch Ausschau nach ihrem Märchenprinzen hält. Ihr Mann Ferdinand füllt diese Rolle garantiert nicht aus, der ist eher der Kategorie nüchterner Realist zuzuordnen. Aber Wendelgard ist eine gute und geschickte Lehrerin. Sie hat alle unsere Kostüme entworfen und selbst geschneidert. Gerhild Mayer gehört nicht dem Pfarrgemeinderat an, singt aber regelmäßig im Kirchenchor. Sportlich. Immer lösungsorientiert. Gelegentlich resolut. Seit zwei Jahren geschieden.«

»Und die anderen aus dem Theater-Team?« Doch der Pfarrer kam nicht mehr dazu, die Frage zu beantworten, denn die beiden Frauen waren fertig und bereit aufzubrechen.

Sie fuhren zu viert in Meranas Wagen. Der Kommissar saß am Steuer. Der »Romantikgasthof Hummelberger« lag im Norden. Merana wählte die Route durch die Innenstadt. Der Schneefall hatte aufgehört. Am größten Teil des Himmels glitzerten die Sterne, nur einige schmale Wolkenstreifen zeigten sich am Firmament. Die Stadt war hell erleuchtet. Die von Scheinwerfern bestrahlten Mauern der Festung hoch über der Dächerlandschaft trugen helle Schneehauben so wie auch die Kuppeln und Türme der Kirchen, die Giebel der Häuser. Salzburg präsentierte sich als märchenhafte Weihnachtskulisse. An der Kreuzung beim Landestheater musste Merana anhalten, obwohl die Ampel Grün zeigte. Die Straße war voll von Menschen, die in großen Trauben über die Fahrbahn eilten, ohne auf den Verkehr zu achten. Gleich zwei Adventveranstaltungen waren in der näheren Umgebung zu Ende gegangen. Hunderte Besucher strömten ins Freie. Die einen kamen vom Weihnachtskonzert aus der Dreifaltigkeitskirche und überquerten den Makartplatz in Richtung Salzach. Der andere Teil zog die Schwarzstraße herauf. Diese Menschen hatten sich im Großen Saal des Mozarteums bei einem Chorabend mit Hirtenspiel weihnachtlich einstimmen lassen. Mit den vielen anderen Besuchern, die heute Abend auf der anderen Seite der Salzach adventliche Veranstaltungen genossen hatten, waren im Augenblick gut und gern einige tausend Leute in der Stadt unterwegs.

Merana drückte auf die Hupe. Er hatte es eilig. Die Masse an Leuten, die Horde an Einheimischen und Touristen, die sich ausgerechnet jetzt auf den Straßen tummelten, war nicht dazu angetan, seine Laune zu verbessern. Er schnaubte.

In Salzburg stiegen einander die Veranstalter von vorweihnachtlichen Events alljährlich gegenseitig auf die Füße. Es wimmelte nur so von Adventsingen, Hirtenspielen, Turmblasereien, Chordarbietungen, Weihnachtskantaten jeglicher Art. Die einen trumpften im großen Stil mit klassischem Orchester auf, die andern gaben sich schlichter in Begleitung von Volksmusikensembles, und einige scheuten auch nicht davor zurück, ihre Besinnlichkeitsattacken im musikantenstadlschrecklichen Schlagersound auf die Bühne zu hieven. Warum musste bei all diesen kerzenlichtschwangeren Spektakeln, die jedes Jahr über Salzburg hereinbrachen, der Pfarrer von St. Barbara auch noch eines draufsetzen? Und ausgerechnet ein Krimi-Weihnachts-Dinner mit trottelhaftem Inhalt? Aber weil das so war, musste der Chef der Salzburger Kripo am späten Sonntagabend auf den schneeglatten Straßen quer durch die Stadt gondeln, um nach einem lampenfiebernden Landesbeamten zu suchen, der auf der Bühne einen coolen Mörderjäger abgab und auf den idiotischen Namen Johnny Lametta hörte!

Was habe ich in meinem früheren Leben nur verbrochen?, fragte sich der Kommissar und drückte zornig auf die Hupe. Er glaubte zwar nicht an Wiedergeburt. Aber falls es diese doch gab, dann musste er früher einmal ein ganz Schlimmer gewesen sein. Ein Meuchelmörder, Mädchenschänder oder zumindest Finanzbeamter. Anders war die Strafe nicht zu erklären, die an diesem Abend über ihn hereinbrach. Und zu allem Überfluss winkten ihm jetzt auch noch zwei Japanerinnen zu, auf deren Köpfen Rentierhauben mit blinkenden Nasen schaukelten. Merana war es egal, wie viele

Verluste es in der Statistik der heurigen Besucherzahlen der Stadt Salzburg geben würde, er stieg wild entschlossen aufs Gaspedal, komme, was da wolle. Aber bis auf einen achtlos auf der Fahrbahn verlorenen Lederhandschuh, den er auf Höhe Christuskirche überfuhr, gab es erstaunlicherweise bei seiner rasanten Fahrt keine Opfer zu beklagen.

Last Christmas I gave you my heart. But the very next day you gave it away …
Schon als Merana aus dem Wagen stieg und diese Zeilen hörte, verkrampfte sich sein Magen. Er verordnete sich seit Jahren während der gesamten Vorweihnachtszeit ein absolutes Radioverbot. Es reichte schon, wenn ihm gelegentlich bei nicht zu vermeidenden Besuchen in Einkaufszentren dieser Song entgegendröhnte. *Last Christmas*. Das verursachte ihm jedes Mal Hautausschlag. Und nun schwappte diese unsägliche Melodie, begleitet von dumpfem Klatschen, bis auf den Parkplatz des Romantikgasthofes, auf dem er den Wagen abstellte. Der Lärmpegel schwoll noch einmal schlagartig an, als der Kommissar mit seinen Begleitern die Eingangstür des Gasthofs öffnete.
This year, to save me …
Aber das war nicht *Wham*, das waren nicht die Fistelstimmen von George Michael und Andrew Ridgeley, die von irgendeinem Saal aus dem hinteren Bereich des Gasthofes bis zu ihnen im Eingangsbereich herüber schnulzten. Hier legten sich einige aufgekratzte, besoffen klingende Sänger mit deutlich wahrnehmbarer Bassstimme mächtig ins Zeug.

Tell me baby, do you recognize me …?

Im »Gasthaus Hummelberger« war offenbar eine Firmenweihnachtsfeier im Gange. Und sie wurden eben unfreiwillig Zeugen einer der ach so beliebten Karaokeeinlagen, die man zu solchen Anlässen gerne zelebrierte: Let's sing a Weihnachtslied! Jetzt ließ sich eine weitere Stimme vernehmen, laut, übersteuert.

»Danke Ferdi, Christian und Harry! Des habts ihr suuuuper, suuuuper, megasuuuuper gmacht!« Jubel brandete auf. »Und jetzt werdn uns die Trixi, die Babsi und die Geli aus der Buchhaltung nach a bsundas schöns Liadl anstimmen: Ihr Kinderlein kommet! Und ich hoffe, des san net die Spätfolgen vom letzten Betriebsausflug!« Prustendes Gelächter begleitete die letzte Bemerkung des Moderators, gellte noch lauter in ihren Ohren, als eine der Saaltüren aufgerissen wurde, und eine Kellnerin mit einem Tablett leerer Gläser auftauchte. Im Saalhintergrund war kurz die Silhouette von drei Frauen zu erkennen, die mit Santa-Claus-Mützen auf den Köpfen zur Bühne staksten. Wie Trixi, Babsi und Geli ihre Kinderlein-Version anlegten, bekam Merana nicht mehr mit, denn in diesem Augenblick schlug sein Smartphone an. Das Display zeigte *Otmar Braunberger*. Merana eilte nach draußen. Dort war der Lärmpegel erträglicher.

»Hallo, Martin, wir können das Handy von Engelbert Fadmann nicht orten. Kein Signal. Entweder ist es ausgeschaltet, oder der Akku ist leer. Ferdinand Hupfknecht und die Theatertruppe suchen immer noch die Umgebung ab. Gefunden haben sie bislang nichts. Aber sie haben einen Spaziergänger getroffen, der im dichten Schneetreiben etwas beobachtet hat. Eine Person, vermutlich ein Mann, stützte eine zweite Person, die schwer torkelte. In der Nähe stand ein dunkler SUV am Straßenrand. Der Spaziergänger dachte sich, da helfe jemand einem Betrunkenen, und kümmerte sich nicht weiter darum.«

»Hat der Zeuge beobachtet, wie die beiden in das Auto stiegen?«

»Nein. Sein Hund hatte eine Katze entdeckt und wie wild an der Leine gezogen.«

»Ich nehme an, Automarke und Kennzeichen des SUV hat der Spaziergänger auch nicht erkannt.«

»Nein, dazu war der Mann viel zu weit entfernt.«

»Vielleicht finden sich noch weitere Zeugen. Hast du schon Verstärkung aus der Bereitschaft angefordert?«

»Ja, und ich werde auch versuchen, über den Mobilfunkanbieter herauszubekommen, mit wem unser Bühnen-Weihnachtsschnüffler in letzter Zeit telefoniert hat.«

»Danke, Otmar.«

»Du kannst dem Pfarrer ausrichten, dass wir gemäß seinem Wunsch die Besucher inzwischen nach Haus geschickt haben.«

Der Kommissar kehrte zurück in die Eingangshalle des Gasthofes.

... hoch oben schwebt jubelnd der Engeleinchor.

Applaus und Jubel brandeten erneut auf. Das weihnachtsmützenbewehrte Frauen-Trio hatte im Saal offenbar seine Darbietung beendet. Merana informierte den Pfarrer und die beiden Frauen über Otmars Anruf.

»Aber hallo! Welcome and happy Advent!« Die vier drehten sich erstaunt um. Zwei angetrunkene Männer

34

im Abendanzug torkelten auf sie zu. »Ihr seids sicherlich die Abordnung von unseren Lieferanten aus Tirol! A bissal spät seids dran! War's schwer zu fahren bei dem Schneetreiben?«

Merana wollte etwas erwidern, aber der jüngere der beiden Männer prustete plötzlich los. Er deutete mit der Hand auf Bastian Rosner. »Suuupa! Des Pfarrerkostüm find i happymäßig obergeil! Macht ma des so auf die Weihnachtsfeiern bei euch hinter die Berge, ha? Happy Advent im Talar?«

Nun fiel auch der zweite Mann brüllend in das Gelächter ein und rief nach hinten:

»Bedienung, vier doppelte Begrüßungsschnäpse für unsere Tiroler!«

Merana zog seelenruhig seinen Dienstausweis aus der Jacke und hielt ihn dem Älteren vors Gesicht. Der wich erschrocken einen Schritt zurück.

»Wenn Sie beide nicht in fünf Sekunden im Saal verschwunden sind und ihrer jaulenden Truppe da drinnen klar machen, dass in der nächsten halben Stunde auch nicht der kleinste Pieps eines Karaoke-Weihnachtssongs angestimmt wird, dann löse ich eure Feier im Handumdrehen auf. Wegen dringenden Verdachts, die Behörden bei ihrer Ermittlungsarbeit aufs Gröbste zu behindern. Habe ich mich klar und deutlich ausgedrückt?«

Der Ältere der beiden brachte den offenen Mund nicht zu. Der Jüngere nickte.

»Eins, zwei, drei …«

Bei vier machten die beiden kehrt und flitzten wie von Wölfen gehetzt zurück in den Saal. Die Tür fiel knallend ins Schloss. Eine der Kellnerinnen hatte die Szene amüsiert beobachtet. Sie kam näher. »Was kann ich für Sie tun?«

Merana brachte ihr Anliegen vor. »Wir möchten wissen, ob dieser Mann sich in letzter Zeit in Ihrem Gasthaus aufgehalten hat.« Er zeigte ihr mittels Handy ein Foto von Engelbert Fadmann, das ihm sein Abteilungsinspektor geschickt hatte.

Sie betrachtete es, schüttelte dann aber den Kopf.

»Ich kann mich nicht erinnern. Aber wir sind viele Leute im Service und haben unterschiedliche Diensteinteilungen. Fragen Sie bitte auch die anderen aus der Kollegenschaft. Sie müssen allerdings ein wenig Geduld aufbringen. Wir haben heute gleich zwei Betriebsweihnachtsfeiern in unserem Haus.«

Es war noch mühsamer, als von der freundlichen Kellnerin angekündigt. Das Servicepersonal war schwer in Beschlag genommen. Auch das Wirtsehepaar hatte wenig Zeit, eilte geschäftig von einem Saal zum nächsten. Doch die Hartnäckigkeit lohnte sich. Einer der Kellner, er stellte sich als Ritschi vor, glaubte, den Mann auf dem Foto zu erkennen.

»Ja, wenn mich nicht alles täuscht, war der hier. Vorgestern Mittag. In Begleitung einer Frau.«

»Einer Frau?« Wieder stießen die beiden Darstellerinnen an Meranas Seite die Frage nahezu gleichzeitig aus, in überraschter Gemeinsamkeit. Schön langsam können die beiden als siamesische Furienzwillinge auftreten, überlegte der Kommissar.

»Ja, meine Damen, der Gast war zusammen mit einer Frau hier. Anfang 30, sehr elegant. Steiler Zahn.«

»Das war sicher eine Kollegin aus dem Umweltamt«, bemerkte die Handarbeitslehrerin spitz. »Eine rein dienstliche Angelegenheit. Geschäftsbesprechung.«

Ritschi verzog seinen ohnehin schon schiefen Mund noch mehr. »Also nach Umweltamt sah die nicht aus. Pelzjacke von ›Miu Miu‹, sicher nicht unter 8.000 Euro. Und der Lamborghini, mit dem sie ankam, kostet auch eine Kleinigkeit.«

Wieder agierten die beiden Frauen fast synchron, als ihnen die Augenbrauen nach oben wuchsen.

»Wissen Sie, worüber die beiden gesprochen haben?« Der Kellner schüttelte den Kopf. »Leider nein, Herr Kommissar. Die beiden haben sich anfangs sehr diskret unterhalten, waren bemüht, leise zu sein.«

»Und später …?«

»Weiß ich nicht, der Mann ist bereits nach zehn Minuten gegangen.«

»Und die Frau?«

»Blieb alleine zurück und hat telefoniert.«

»Kannten Sie die Frau?«

Er zuckte mit den Schultern. »Schon möglich, dass ich sie einmal in der Zeitung oder einem TV-Magazin gesehen habe. Irgendwie kam sie mir bekannt vor. Aber ihren Namen weiß ich leider nicht.«

»Ist Ihnen sonst noch etwas aufgefallen?«

Er dachte nach. »Ja, sie trug auffällige Ohrringe. In Form von kleinen Christbaumkugeln.«

»Christbaumkugeln?« Dieses Mal brachte nur die Handarbeitslehrerin ihr Erstaunen zum Ausdruck.

»Vermieten Sie auch Zimmer?« Die Frage kam vom Pfarrer. Der Kellner schaute auf den Kirchenmann, dann warf er einen Blick auf die beiden Frauen. Ein süffisantes Grinsen schlich sich in sein Gesicht. »Aber Hochwürden, was wird dann da der Herr Bischof sagen, ha?«

Die Gesichtsfarbe des Priesters wechselte unversehens von gesund rosig zu dunkelrot. In Bastian Rosner erwachte der Pinzgauer Bauernbub, der schon mit zehn Jahren alle Zwölfjährigen der Umgebung über den Holztisch gezogen hatte.

»Noch so eine blöde Bemerkung, und ich nehme dir auf der Stelle die Beichte ab, dass du tagelang die Christbaumglocken scheppern hörst!«

Der Mann schluckte schwer, beeilte sich mit der Antwort. »Schön langsam mit den wilden Rentieren, Herr Pfarrer. War ja nur ein Spaß. Natürlich haben wir auch Gästezimmer.«

»Gibt es die Zimmernummern 304 und 309?«, mischte sich Merana ein.

»304 haben wir, 309 nicht. Unsere Zimmer gehen nur bis 307.«

Merana überlegte kurz. »Ich schau mir 304 an. Bastian, überprüfst du bitte mithilfe unseres spaßigen Kollegen, wer dieses Zimmer in den vergangenen Tagen belegt hat.«

Die Aktion brachte nicht viel. Der Kommissar entdeckte bei der Durchsuchung des Zimmers nichts, das ihnen weiter half. Die vergangenen vier Tage war das Zimmer nicht belegt gewesen. Davor hatte drei Tage lang ein Vertreter aus Köln darin gewohnt. Er war wegen einer Schmuckmesse angereist.

Als sie zum Parkplatz zurückkehrten, setzte wieder leichter Schneefall ein. Die beiden Kontrahentinnen hingen immer noch ihren Gedanken über die vom Kellner geschilderte Begegnung nach. Jede der Frauen sinnierte für sich, aber bei beiden lief die Fantasie in ähnliche Richtung. Sie konnten nicht glauben, was sie vorhin gehört hatten. Ihr Engelbert Fadmann, die personifizierte Schüchternheit, die nur mit größter Mühe sich in den coolen Frauenhelden Johnny Lametta verwandeln konnte, sollte sich mit einem Luxusweib am Restauranttisch in einem Romantikgasthof getroffen haben? Nie und nimmer! Der Kellner war ein Idiot. Das hatte man ja vom ersten Moment an gesehen. Wie der den bedauernswerten Pfarrer Rosner angepöbelt hatte. Ein Zumutung! So ein rüpelhafter Zeitgenosse war durchaus imstande, ihnen haarsträubende Lügen aufzubinden. Wendelgard Hupfknecht seufzte. Sie schätzte gerade die umsichtige, zurückhaltende Art an Engelbert. Sein sanftes Erröten, wenn man ihn, halb unabsichtlich, halb gewollt, im Vorübergehen berührte. Und Gerhild Mayer musste sich eingestehen, dass ihr gerade Engelberts beharrliche Standhaftigkeit bei ihrer letzten Begegnung sehr imponiert hatte. Er hatte den bereitgestellten Prosecco abgelehnt, und sich nicht einmal auf die Wange küssen lassen. Außerdem war er kaum 20 Minuten geblieben, um mit ihr den Text durchzugehen. Nein, so ein scheuer Mann traf sich nicht in aller Öffentlichkeit mit einem Lamborghini fahrenden Vamp, einer Luxusschlampe, die auch noch die Schamlosigkeit besaß, eine überteuerte Pelzjacke aus der Prada-Gruppe zu tragen. Als hätten sie ein gegenseitiges Übereinkommen getroffen, schauten sich die beiden Frauen plötzlich an. Ein schwaches Lächeln des Verständnisses huschte über ihre geschminkten Lippen, auf denen sich Schneeflocken niederließen. Wie auf Kommando drehten sie die Köpfe zum ersten Parkplatz, der sich gleich neben dem Aufgang zum Gasthof befand. War dort der Lamborghini gestanden? In Rot? Über die Farbe hatte der dämliche Kellner nichts gesagt. Vor ihren inneren Augen tauchten kurz die Schemen ihrer eigenen fahrbaren Untersätze auf: ein dottergelber Suzuki Swift und ein gebrauchter Kia Picanto.

Das Läuten eines Handys erlöste sie aus ihren Gedanken. Merana hatte schon die Fahrertür geöffnet. Er stieg ein und nahm das Gespräch an.

»Ich habe einen Hinweis, Martin.« Die Stimme des Abteilungsinspektors klang wie immer ruhig. »Ich habe Fadmanns Schwester erreicht. Sie wohnt in Graz. Mit ihr hat der gute Engelbert heute Mittag noch telefoniert. Er erzählte ihr, dass er nach der Premiere noch einen gemeinsamen Freund aufsuchen werde, Jakob Heckenblank.«

Heckenblank? Merana war überrascht. »Meint sie den Krippenschnitzer?«

»Ja, er hat Wohnung und Atelier in der Innenstadt, gleich in der Nähe des Doms. Ich habe versucht, ihn anzurufen. Aber der gute Mann leistet sich den Luxus, kein Mobiltelefon zu besitzen. Und am Festnetz ertönt nur das Besetztzeichen. Offenbar ausgeschaltet.«

Merana startete den Wagen.

»Wir fahren hin, vielleicht ist alles ganz einfach. Vielleicht hat der Herr Fadmann nur kalte Füße bekommen, wollte nicht mehr zurück auf die Bühne, um als

schlechte Johnny-Lametta-Kopie zwei weitere Akte zu
überstehen, und ist zu seinem Freund abgehauen.«

»Alles klar, Herr Kommissariatsleiter. Du fährst zum
Krippenschnitzer. Ich checke weiterhin die Anruflis-
ten.«

Auf der Fahrt zurück in die Innenstadt berichtete er den
anderen, was Otmar ihm mitgeteilt hatte. Allen war der
Name Jakob Heckenblank ein Begriff. Aber selbst dem
Pfarrer war nicht bekannt gewesen, dass Engelbert Fadmann offenbar mit Salzburgs berühmtesten Krippenschnitzer befreundet war.

»Und ich hatte auch keine Ahnung, dass Engelbert
eine Schwester in Graz hat«, bemerkte Wendelgard
Hupfknecht.

»Ich auch nicht«, ergänzte Gerhild Mayer.

Die Uhr zeigte auf halb zwölf, als sie das Zentrum der
Altstadt erreichten. Merana konnte nicht quer über den
Residenzplatz fahren, denn das Areal war gesäumt mit
den Ständen des berühmten Salzburger Christkindl-
marktes. Die Hütten zogen sich vom Domplatz entlang
der Kathedrale bis ans Ende des Residenzplatzes. Rund
eine Million Besucher aus aller Welt tauchte Jahr für Jahr
in die glitzernde Weihnachtswelt rund um den Salzburger Dom ein. Bis neun Uhr abends tummelten sich hier
täglich in der Weihnachtszeit Tausende Menschen zwischen den festlich geschmückten Ständen. Doch jetzt
waren die Läden geschlossen. Nur auf dem benachbar-
ten Mozartplatz lungerten noch ein paar späte Zecher
an einer der geöffneten Glühweinhütten. Die Silhouette

der Festung wirkte nahezu überirdisch. Wie die weißen Flanken einer Kristallburg schoben sich die angestrahlten schneebedeckten Mauern in den Nachthimmel.

Heckenblanks Atelier lag am Kapitelplatz. Sie mussten lange läuten, ehe ihnen geöffnet wurde. Ein kleiner weißhaariger Mann in leicht gebückter Haltung stand vor ihnen. Er trug einen blauen Schurz. Aus einem zerfurchten, aber freundlichen Gesicht blitzten ihnen zwei jugendlich helle Augen entgegen.

»Oh, Herr Kommissar, was verschafft mir die Ehre zu so später Stunde am Abend des dritten Adventsonntages?« Merana war überrascht. Woher kannte ihn der Mann? Als hätte der Holzschnitzer seine Gedanken erraten, schmunzelte er. Na, den berühmten Kommissar Merana zu kennen, ist selbst für einen weltabgewandten alten Herrgottsschnitzer wie mich eine Selbstverständlichkeit.« Merana erwiderte das Lächeln. Wenn hier einer berühmt war, dann wohl dieser kleine Mann mit dem gekrümmten Rücken. Bildhauer aus ganz Europa, selbst Designer moderner Artefakte pilgerten regelmäßig nach Salzburg, um die meisterlich gefertigten Krippenfiguren von Jakob Heckenblank zu bestaunen. Der alte Mann wandte seine Aufmerksamkeit den anderen zu. »Und wie ich sehe, Herr Kommissar, sind Sie in charmanter Begleitung und darüber hinaus mit geistlichem Beistand unterwegs. Immer herein in die gute Stube. Ich darf voraus gehen.« Er ließ die Tür offen, wandte sich ab und schlurfte ins Innere. Merana und seine Begleiter folgten. Der Schnitzer führte sie in sein Atelier, das im ersten Stock lag. Die Fenster führten hinaus auf den Platz. Die rechte Seite des Doms war zu erkennen. Jakob

Heckenblank setzte sich an seine Werkbank und wies auf einen der Tische in der Nähe. Auf diesem befanden sich keine Krippenfiguren, sondern eine Weinflasche, ein Korb mit Äpfeln, Nüssen und Lebkuchen und einige Gläser. Die Frauen wählten die beiden Stühle. Merana und der Pfarrer teilten sich die schmale Holzbank. Auf den anderen Tischen im Raum waren vier Krippen aufgestellt, zwei im orientalischen Stil und zwei in alpiner Bauart. An die 100 kunstvoll geschnitzte Figuren tummelten sich auf den biblischen Schauplätzen: Hirten, Engel, Schafe, Bäuerinnen, Handwerker, Karawanenführer, Pferde, Kamele, Könige. Der Schöpfer dieser kleinen Wunderwerke saß an seinem Arbeitsplatz und schaute mit Gelassenheit im Blick auf seine Gäste. Er hatte vor sich ein halb volles Weinglas auf der Werkbank stehen. Daneben lag ein angebissenes Stück Lebkuchen auf einer Papierserviette.

»Herr Pfarrer, darf sich Sie bitten, den Wein einzuschenken.« Er deutete auf die Flasche. »Diese Verrichtung wird Ihnen vertraut sein. Das sind Sie ja in der Kirche vom Gottesdienst gewohnt.« Rosner lächelte, deutete eine dankende Geste an und verteilte den Rotwein. Ein »Lagrein Riserva« aus Südtirol, wie Merana anerkennend feststellte. Der alte Mann hob sein Glas. »Also noch einmal, willkommen in meiner bescheidenen Werkstatt.« Er nahm einen Schluck und wartete, bis auch die anderen getrunken hatten. »Und jetzt bin ich doch ein wenig neugierig, was Sie zu dieser ungewohnten Stunde zu mir führt.«

Merana stellte seine Begleiter vor und kam gleich zur Sache, berichtete vom Theaterabend und von Engelbert

Fadmanns plötzlichem Verschwinden. Das freundliche Gesicht des alten Mannes verdüsterte sich. »Ihre Schilderung macht mich ein wenig besorgt, Herr Kommissar. Es ist richtig, dass Engelbert mich heute noch besuchen wollte. Deshalb bin ich noch auf. Ich habe mir die Zeit mit ein wenig Arbeit vertrieben.« Er deutete auf die Werkbank. Dort waren einige Schnitzmesser ausgebreitet. Daneben lag die halb fertige Skulptur eines Hirten, der ein kleines Schaf auf dem Rücken trug. Eine weitere meisterliche Arbeit, das ließ sich jetzt schon erkennen. »Aber er ist bis jetzt nicht bei mir aufgetaucht und hat sich auch nicht gemeldet. Was mich verwundert, denn mein langjähriger Freund Engelbert zeichnet sich neben vielen anderen wunderbaren Eigenschaften vor allem durch Pflichtbewusstsein und Korrektheit aus. Bis zu Ihrem Eintreffen dachte ich, er käme wohl später, weil vielleicht die Premierenfeier länger gedauert hatte.« Der Kopf des alten Mannes wiegte von einer Seite zur anderen. Die von Sorge erfüllten Augen wanderten von den unerwartet aufgetauchten Gästen zu seinen Holzfiguren, als könnte er von denen Antwort auf die Frage bekommen, was mit seinem Freund Engelbert passiert war.

»Was wollte Herr Fadmann heute Abend von Ihnen?«, wollte Merana wissen.

»Seine Krippe abholen.«

»Seine Krippe?« Dieses Mal war die Rolle am Pfarrer, erstaunt zu fragen. Bastian Rosner erschien die Angelegenheit noch seltsamer, als sie ohnehin schon war. Ein unscheinbarer Landesbeamter, der zwar auf der Bühne einen Weihnachtsschnüffler und Womanizer darstellt, den aber alle als schüchtern und zurückhaltend kennen, trifft sich mit einer Lamborghini-Fahrerin in einem Romantikgasthof und ordert eine Weihnachtskrippe, die er mitten in der Nacht abholen will …? Und dann verschwindet er auch noch plötzlich mitten in der Aufführung und bleibt wie vom Erdboden verschluckt? Der gute Engelbert Fadmann wurde selbst dem erfahrenen Priester allmählich unheimlich.

»Ja, seine Krippe wollte er abholen.« Der alte Mann stemmte sich von seinem Hocker hoch. »Er hat sie vor zwei Monaten bei mir bestellt. Normalerweise nehme ich keine Aufträge für einen so kurzen Zeitraum an, aber für meinen Freund Engelbert wollte ich eine Ausnahme machen. Es schien ihm viel daran zu liegen.« Er schob das Weinglas vom Rand weg näher in die Tischmitte. »Leider muss ich mich morgen Mittag für einige Zeit ins Krankenhaus begeben, ein kleiner Eingriff, nichts Bedrohliches. Deshalb bat ich Engelbert, heute noch vorbeizukommen. Ich bin mit der letzten Figur erst vor zwei Stunden fertig geworden.«

Er umkurvte die beiden großen Tische und begab sich zu einer kleinen Nische. Dort stand eine weitere Krippe, kleiner als die anderen. Den Besuchern war sie bis jetzt nicht aufgefallen. Sie ruhte auf dem mittleren Brett eines Regals, das an der Wand stand. Der Kommissar erhob sich. Auch die anderen folgten neugierig. Der Krippenboden war etwa 40 Zentimeter breit, der Stall aus dunklem Material gefertigt, die Figuren aus hellem Holz.

»Das ist holländische Linde. Schwer zu bekommen. Aber ich arbeite gerne damit.« Eine Zeit lang sprach keiner ein Wort. Die Gäste des Handwerksmeisters waren in die Betrachtung der kleinen Skulpturengruppe und der nach vorne offenen Stallanlage vertieft.

»Wo ist der Josef?«, rief plötzlich Wendelgard Hupfknecht überrascht. Der Schnitzer lächelte.

»Engelbert wollte keinen. Ich habe die Figuren nach seinen Wünschen ausgewählt.«

Das Ensemble bestand aus dem Jesuskind auf einem angedeuteten Strohballen, einer knienden Maria und drei in Andacht versunkenen Königen. Sonst war keine weitere Figur vor dem Stall zu sehen. Kein Hirte, kein Schaf, kein Ochs, kein Esel. Nur auf dem Dach des Stalls zeigte sich die schlanke schwungvolle Erscheinung eines Engels. Das Himmelswesen hatte den Kopf anmutig auf den Arm gestützt und schaute liebevoll auf das Jesuskind unter ihm.

»Warum wollte er keinen Josef? Eine Krippe ohne Josef habe ich noch nie gesehen!«

Die Handarbeitslehrerin war sichtlich irritiert, ihre Stimme klang aufgekratzt.

»Das weiß ich nicht. Er hat es mir nicht gesagt, und ich habe auch nicht danach gefragt.«

Merana war beeindruckt. Es war eine wunderbare Arbeit, auf die er blickte. Er beugte sich vor, um die feinen Linien besser auszumachen, die der Schnitzer im hellen Holz hinterlassen hatte. Wie war es nur möglich, mit einfachen Schnitzwerkzeugen der, ihr Kind umsorgenden, Maria einen Ausdruck ins Gesicht zu zaubern, der von Wärme und Zuversicht einer liebenden Mutter geprägt war, aber auch gleichzeitig die selbstbewusste Haltung einer jungen Frau ausstrahlte. Plötzlich bemerkte er ein

Stück Karton, das zwischen Stallrückwand und Wand steckte. Ohne um Erlaubnis zu fragen, zog er es hervor. Er hielt eine Fotografie in der Hand. Das Bild zeigte das Porträt einer jungen Frau. Sie hatte dunkles offenes Haar. Ihre mandelförmigen Augen lachten aus einem Gesicht, das leicht asiatische Züge zeigte. Eine Schönheit. Der Kommissar schaute fragend zum alten Schnitzer.

»Engelbert hat mir das Foto gegeben. Er wollte, dass der Engel ihre Züge trägt.«

Erneut beugte sich Merana vor. Tatsächlich, es war deutlich zu erkennen. Das winzige, kaum vier Zentimeter große Gesicht der Engelsfigur zeigte eine verblüffende Ähnlichkeit mit dem Antlitz der jungen Frau auf dem Foto.

»Großartig!«, stellte der Pfarrer fest.

Die beiden Frauen sagten nichts. Sie starrten abwechselnd auf den Engel und auf das Bild in Meranas Hand. Aber ihre Mienen sagten alles. Sie konnten sich noch so viel Schminke ins Gesicht zaubern, gegen die jugendliche Frische der auf dem Foto abgebildeten Schönheit kamen sie nicht an. Ihre Gesichter würden niemals als Vorlage für himmlische Wesen dienen. Die Mienen der beiden Frauen pendelten zwischen Zorn, Enttäuschung und Traurigkeit. Wie auf Kommando wandten sich beide ab. Merana sah auf die Uhr. Sie zeigte kurz vor halb eins. Sie konnten nicht ewig hier bleiben und warten. Sie tranken den Wein aus, bedankten sich bei ihrem Gastgeber und verließen den Raum. An der Werkstatttür blieb der Kommissar noch einmal stehen, während die anderen bereits die steinernen Stufen hinunter stiegen, die zur Haustür führten.

»Meister Heckenblank, wann haben Sie Herrn Fadmann zuletzt gesehen?«

Der alte Mann dachte kurz nach. »Das muss vorgestern gewesen sein. Er kam am frühen Nachmittag in meiner Werkstatt vorbei, ehe er wieder ins Amt musste.«

»War er irgendwie anders als sonst? Machte er vielleicht einen besorgten Eindruck?«

»Besorgt? Nein.« Der alte Mann schüttelte sein weißes Haupt. »Er war eher aufgebracht. Er hatte sich über etwas furchtbar geärgert. Ich bereitete ihm einen magenschonenden Kräutertee. Ein Schnaps wäre vielleicht besser gewesen, aber Engelbert trinkt ja keinen Alkohol.«

»Wissen Sie, worüber er sich aufregte?«

»Nein, er knurrte nur etwas, das klang wie ›Die glaubt doch tatsächlich, ich lasse mich auf so etwas ein‹. Ich habe nachgefragt, was passiert war. Aber er winkte nur ab. ›Amtsgeheimnis‹ sagte er. Und dann wollte er wissen, wie weit ich mit der Krippe sei und ob ich den Abholtermin schaffe.«

»Ist Ihnen sonst noch etwas aufgefallen?«

Wieder schüttelte der alte Schnitzer sein Haupt mit dem spärlichen weißen Haarkranz.

»Leider nein. Ich bedauere sehr, Herr Kommissar, Ihnen nicht weiterhelfen zu können. Ich hoffe, Engelbert ist nichts Schlimmes zugestoßen.« Das hoffte Merana auch. Er bedankte sich noch einmal für die Hilfe und gab dem Krippenkünstler seine Handynummer. »Rufen Sie mich bitte an, wenn Sie etwas von Herrn Fadmann hören.«

Die anderen waren schon vorausgegangen und warteten beim Auto. Der Schneefall war wieder dichter geworden. Meranas Handy piepste. Eine Nachricht von Otmar war eingegangen. Für einen Moment fühlte sich Merana zurückversetzt in die Weihnachtszeit vor einem Jahr. Auch damals war er spätabends durch das verschneite Salzburg geirrt, an der Seite seiner Stellvertreterin Carola Salmann, geleitet von rätselhaften Hinweisen und absonderlichen Spuren zwischen Christkindlmarkt und Festspielhaus.* Doch das Geheimnis um den angeblich angeschossenen Erzengel hatte sich damals bald gelöst. Schneller jedenfalls als das Rätsel um den verschwundenen Möchtegern-Weihnachtsschnüffler heute Abend.

Merana öffnete die SMS an seinem Handy und las sie. Er war erstaunt. Er hatte mit vielem gerechnet, aber nicht damit. Er hielt den Frauen die hintere Tür auf, dann stieg er selbst ein und startete den Motor.

»Eine Nachricht von meinem Mitarbeiter. Ich muss auf der Stelle zur ›Casa d'Oro‹. Ich lasse Sie gerne an einem Taxistand aussteigen. Sie haben heute Abend schon genug durchgemacht.«

Zunächst hielten die beiden Damen bei der Erwähnung des Namens für ein paar Sekunden die Luft an. Dann protestierten sie heftig. Sie kämen in jedem Fall mit. Schon um sich davon zu überzeugen, dass das Verschwinden ihres immer noch hoch geschätzten Engelbert garantiert in keinerlei Zusammenhang mit der »Casa d'Oro« stehen könnte. Einfach absurd! Die Vorstellung dieser Verbindung war auch für Merana schwer einzuordnen. Doch die Nachricht seines Abteilungsinspek-

---

* Maroni, Mord und Halleluja

tors war eindeutig gewesen. Engelbert Fadmann hatte in den vergangenen Tagen in der »Casa d'Oro« angerufen. Und das nicht nur einmal. Merana bog am Mozartplatz in Richtung Salzach ab und nahm den Rudolfskai stadtauswärts. Sie waren auf dem Weg zur »Casa d'Oro«, dem beliebtesten Bordell im Süden von Salzburg.

Das Schneetreiben war dicht, aber der Verkehr spärlich. Nur wenige Autofahrer waren an diesem dritten Adventsonntag zu später Stunde noch auf den Straßen der Stadt unterwegs. Das gab Merana Gelegenheit, sich nicht ständig auf andere Verkehrsteilnehmer konzentrieren zu müssen. Er konnte die Ereignisse der vergangenen Stunden noch einmal Revue passieren lassen.

Engelbert Fadmann, von allen als korrekt und verlässlich beschriebener Beamter, war mitten in der Theateraufführung kurz ins Freie gegangen und nicht mehr aufgetaucht. Ein Zeuge glaubte, zwei Gestalten in der Nähe eines abgestellten SUVs ausgemacht zu machen. Eine der beiden Personen sei getorkelt. Das konnte mit dem Verschwinden Fadmanns zusammenhängen. Für diese Beobachtung ließen sich aber auch ein Dutzend andere Erklärungen finden. Zwei engagierte Laienschauspielerinnen, die im Fond seines Dienstwagens saßen, hatten sich in letzter Zeit ein Match um die Gunst des als schüchtern beschriebenen Beamten geliefert. Vor zwei Tagen hatte sich Fadmann laut Aussage des Kellners Ritschi mit einer unbekannten, sehr auffälligen Dame im »Gasthof Hummelberger« getroffen. Er war allerdings nicht lange geblieben und noch vor der Frau aufgebrochen. Kurze Zeit später war er in erbostem Zustand bei seinem Freund Heckenblank erschienen. Dabei war eine Bemerkung gefallen, die der Schnitzer so wiedergab: »Die glaubt doch tatsächlich, ich lasse mich auf so etwas ein.« Hatte sich dieser Satz auf seine Begleiterin im »Hummelberger« bezogen oder auf eine andere Frau? Vielleicht auf eine der beiden Bühnenkolleginnen, die ihm offenbar unverhohlen Avancen machte. Gingen ihm deren Annäherungsversuche auf die Nerven? Und dann war wie aus dem Nichts noch eine Frau aufgetaucht. Von der kannte Merana allerdings nur ein Foto, das hinter einer Weihnachtskrippe steckte. Engelbert Fadmann hatte das Bild seinem schnitzenden Freund übergeben, ohne jedoch näher darauf einzugehen, wer die Frau sei. Ein weiteres rätselhaftes Verhalten. Ziemlich eigenartig für einen schlichten Landesbeamten, den alle als zurückhaltend, scheu und schüchtern beschrieben. Und jetzt waren sie auf dem Weg zu einem Haus, in dem der gute Engelbert zumindest einige Male angerufen hatte. Und das war eindeutig ein Nobelpuff.

Die »Casa d'Oro« lag etwa vier Kilometer außerhalb der Stadtgrenze in einem Park abseits der stark befahrenen Hauptverkehrsstraße. Das große Einfahrtstor am Parkeingang öffnete sich wie von Geisterhand, als Meranas Auto sich näherte. Das Anwesen verfügte offenbar über einen Bewegungsmelder. Die Auffahrt zum schlossähnlichen Hauptgebäude war mit kleinen Christbäumen geschmückt.

Lichtergirlanden schimmerten unter der Schneehülle, die sich über die Äste gelegt hatte.

»Oh wie schön!«, entfuhr es der Handarbeitslehrerin beim Anblick der verschneiten Weihnachtsbäume. Sie hielt sich die Hand an den geöffneten Mund wie ein kleines Mädchen, das mit der Kutsche zu einem glitzernden Märchenschloss aus einem Disneyfilm unterwegs ist. Doch die Prinzessinnen in diesem Haus, dem sie sich näherten, verlangten von ihren Prinzen Bares, und das nicht zu knapp. Das Puff war gut besucht. Merana zählte an die 20 Autos auf dem großen Parkplatz. Er stellte den Wagen ab und stieg aus. Die anderen folgten ihm. Der Kommissar drückte auf den Klingelknopf. Augenblicklich wurde die Tür geöffnet. Ein korpulenter Mann mit Schultern wie ein Eichenschrank stand vor ihnen. Er trug einen schwarzen Anzug mit Krawatte und eine lächerliche Santa-Claus-Mütze auf dem Kopf.

»Hohoho, meine Herren, immer hereinspaziert. Die süßen Englein warten schon!«

Er verzog keine Miene darüber, dass einer der beiden Männer ein Kollar trug und eindeutig als Mitglied des Klerus zu erkennen war. Offenbar war der Besuch von Vertretern der Kirche keine Seltenheit in diesem Etablissement. Doch als der Kleiderschrank die beiden Damen entdeckte, legte sich seine Stirn in Falten.

»Sorry, Ladies, dieses Haus führt nur weibliche Eros-Englein. Wir haben leider keine heißen Loverboys im Angebot.«

Der Kommissar hielt dem Türwächter seinen Dienstausweis unter die Nase.

»Die beiden Damen gehören zu mir, sie kommen mit.« Ohne ein weiteres Wort der Erklärung schob er den massigen Körper zur Seite und trat ein. Ein dicker

Teppich dämpfte ihre Schritte. Die Lampen im samttapezierten Flur verbreiteten einen rötlichen Schimmer. Leise Musik war aus unsichtbaren Lautsprechern zu hören, eine Klaviermelodie, unterlegt von einem synthetischen Streicherteppich. Ein weiterer kräftiger Mann in schwarzem Anzug mit einer langen Narbe an der linken Wange tauchte auf und nahm ihnen die Mäntel ab. Die geschmolzenen Schneeflocken, die von ihrer Kleidung heruntertropften, verursachten nasse Flecken auf dem Teppich. Nach wenigen Metern öffnete sich der Gang und führte zu einem großzügig angelegten Foyer, von dem aus zwei breite Treppen in ein darüber liegendes Stockwerk führten. Kleine Weihnachtsbäume mit Silberkugeln zierten das Treppenende. Hinter einer girlandenbekränzten Bar standen zwei Frauen mit nacktem Oberkörper und gossen Champagner in hohe Gläser. Haut und Haare glitzerten, als kämen sie eben aus einer Sternendusche.

»Hochwürden, welche Überraschung!« Die Stimme des Mannes war dunkel, wohlklingend. Er trug einen Smoking und stieg über eine der Treppen herab ins Foyer. Dann kam er auf Bastian Rosner zu und schüttelte ihm die Hand wie einem alten Bekannten. Die beiden Frauen in Begleitung des Pfarrers blieben ruckartig stehen. Sie starrten den Gottesmann an, als stünde der leibhaftige Teufel vor ihnen, splitternackt, mit glühenden Augen und mit erigiertem Satanspenis. Der Pfarrer ihrer Heimatgemeinde St. Barbara war in diesem Bordell bekannt wie ein Stammgast! Wendelgard Hupfknecht schnappte hörbar nach Luft. Eine plötzliche Wallung rollte durch ihren Körper wie eine heiße Woge. Aber ich bin doch noch gar nicht im Wechsel, schoss es durch ihren Kopf. Woher plötzlich diese Hitze? Auch Gerhild Mayer war darüber schockiert, mit welcher Vertraulichkeit der Mann im Smoking, der offensichtlich zum Personal dieses Puffs gehörte, ihren Pfarrer begrüßte. Sie musste etwas gegen den Schrecken tun. Sie pflanzte sich vor den barbusigen Damen an der Theke auf. »Zwei Schnäpse, ihr Süßen. Aber doppelte!« Über der Bar blinkten Weihnachtssterne in verschiedenen Farben. Wendelgard Hupfknecht wankte zu ihrer Begleiterin an die Bar, griff nach dem Wodkaglas und leerte es in einem Zug. »Noch zwei!« Bastian Rosner stellte Merana den Mann im Smoking vor. Er hieß Derek Miesner und war, wie sich herausstellte, der Geschäftsführer der »Casa d'Oro«.

»Was kann ich für Sie tun, Herr Kommissar?«

Merana öffnete das Display am Handy und zeigte ihm Fadmanns Foto.

»Ja, der Herr war einige Male hier, soweit ich mich erinnern kann.« Er winkte einer der beiden Blondinen. Sie kam hinter dem silbernen Tresen hervor und stakste in hochhackigen Pantoffeln auf die Männer zu. Anstelle eines Stringtangas trug sie eine goldene Kordel mit durchsichtigen Weihnachtskugeln um die schlanken Hüften.

»Darf ich vorstellen, das ist Annabella.« Merana und der Pfarrer deuteten eine Verbeugung an, während die Theaterdamen im Hintergrund die nächste Runde bestellten und zwei weitere Hochprozentige hinunterkippten. Merana hielt der Animierdame das Bild hin.

»Ja, der Herr ist uns bekannt.« Ihre Stimme hatte einen dumpfen, rauen Klang, der so gar nicht zum Sternenglitzer auf ihrer Haut passte. »Das ist ein Stammgast von Ramona.«

»Und ist die Dame heute hier?« Sie nickte. »Ja, Ramona ist oben.« Der Geschäftsführer blickte auf die Uhr. »Ramona dürfte bald frei sein. Darf ich die Herren inzwischen ...« – helles Lachen war aus dem ersten Stock zu hören –, »ah, ich glaube, da kommt sie schon.« Das Lachen wurde lauter. Eine zweite Frauenstimme mischte sich gurrend in das Glucksen. Dazwischen war eine Männerstimme zu vernehmen. Auch Merana und der Pfarrer blickten zur Treppe, über die zwei nackte Frauen herabstiegen, die einen älteren leicht dicklichen Mann in ihrer Mitte führten. Im Gegensatz zu den beiden Frauen, die immerhin Silbersandalen trugen und kleine weiße Engelsflügel umgeschnallt hatten, war der Mann völlig nackt, von den Zehen bis zum schütteren Haaransatz.

»Guten Abend, Herr Stadtrat.« Merana hob grüßend die Hand. Auch Pfarrer Rosner winkte freundlich nach oben. Stadtrat Gotthelf Kreuzer hielt mitten auf der Treppe abrupt inne, als wäre er gegen einen vereisten Güterwaggon geprallt. Das Glucksen seiner beiden Begleiterinnen brach ab. »Wurde das Fraktionstreffen heute ins ›Casa d'Oro‹ verlegt?«, fragte Merana mit unschuldiger Miene. »Sind die beiden jungen Damen die Sitzungs-Protokollführerinnen?« Der Laut, der sich aus dem Mund des käsebleichen Stadtrats wand, erinnerte an ein verendendes Rentier. Dann löste er die Hände von den Pobacken seiner Escortdamen, machte auf der Stelle kehrt, und hetzte die Stufen nach oben.

Der Geschäftsführer sog deutlich hörbar die Luft ein. »Ich hoffe, Herr Kommissar, Ihre Besuche häufen sich nicht in unserem Haus. Das wirkt sich nicht gerade vorteilhaft auf das Geschäft aus.«

Merana machte ein müde Handbewegung. Es ging ihn im Grunde nichts an, wo sich der Herr Stadtrat in seiner Freizeit herumtrieb. Das sollte er mit seiner Gattin ausmachen. Und das verlogene Gefasel von der vorbildlichen Ehe als Stütze der Familie und Säule des Staates glaubte ihm sowieso keiner. Aber dass dieser Mann politisch eine Flasche war und nur dafür sorgte, seine Freunde an die Futtertröge halböffentlicher Institutionen zu bringen, das nahm ihm der Kommissar mehr als übel. Doch er war nicht wegen des geilen Stadtrats hier.

»Übrigens habe ich mich getäuscht. Das sind Evelyn und Chantal. Ramona ist offenbar noch oben.« Eine der beiden Frauen auf der Treppe wies mit der Hand zum ersten Stock. »Ramona ist schon fertig. Sie ist auf 21. Ihr Gast hat sich schon vor einer Viertelstunde verabschiedet.«

Der Geschäftsführer brachte den Kommissar hinauf. Pfarrer Rosner kam auch mit. Miesner bat die beiden Männer, auf dem Gang zu warten, klopfte an die Tür mit der 21 und verschwand im Zimmer. Kurz darauf erschien er wieder.

»Ramona erwartet Sie. Wenn Sie mich noch brauchen, finden Sie mich im Foyer.«

Merana nickte und drückte die Türklinke. Der Pfarrer betrat mit ihm das Zimmer.

Der Raum wurde von einem großen Bett dominiert, über das achtlos eine dunkle Samtdecke geworfen war. Das Licht war gedämpft. Auf einem Stuhl an der Wand saß eine Frau, die sich erhob, als die beiden Männer eintraten. Der Lichtstreifen einer Stehlampe fiel auf ihr Gesicht.

Der Engel!

Merana war ebenso überrascht wie der Pfarrer. Vor ihnen stand die Frau mit den Mandelaugen, deren Foto sie heute in der Werkstatt des Schnitzers gesehen hatten. Ihre anmutige Gestalt wurde von einem hellen Morgenmantel verhüllt, der ihr bis zu den Knien reichte.

»Bitte nehmen Sie Platz, Ramona. Wir halten Sie nicht lange auf.«

Sie ließ sich langsam wieder auf den Sessel nieder und fixierte mit unsicherem Blick die beiden Männer.

»Dürfen wir?« Merana deutete auf das Bett. Sie nickte. Die beiden setzten sich.

Der Kommissar zeigte ihr das Foto auf dem Handy. »Wir haben gehört, dass dieser Mann Sie öfters hier besucht hat.«

Sie wusste offenbar nicht recht, was sie von der Befragung halten sollte. Aber sie nickte erneut. »Ja, das ist Engelbert.«

»Wie oft war Herr Fadmann … also Engelbert hier?«

»Weiß nicht, ich denke sieben Mal.« Ihre Augen huschten zwischen den beiden Männern hin und her. Rosner beugte sich leicht nach vorn. »Ramona, ich bin der Pfarrer der Gemeinde St. Barbara. Engelbert Fadmann wirkt bei einem Theaterprojekt mit, das wir in der Pfarre aufführen. Hat er Ihnen davon erzählt?«

Sie dachte nach, zögerte. »Nein, ich glaube nicht.«

»Besucht Engelbert auch andere Damen, wenn er hierher kommt?« Dieses Mal antwortete sie dem Pfarrer sofort. »Nein, er kommt immer nur zu mir.«

Rosner legte die Finger seiner Hände ineinander. »Wir hatten heute Abend Premiere unseres Theaterstücks im Pfarrheim. Engelbert ist mitten im Stück verschwunden. Er ist nach draußen gegangen und nicht mehr zurückgekehrt. Haben Sie eine Ahnung, warum er das gemacht hat?«

Sie schüttelte heftig den Kopf. Ihr seidig glänzendes Haar tanzte wie ein dunkler Vorhang, in den der Wind blies. »Nein. Ich weiß davon gar nichts.« Ein Ausdruck von Angst kroch in ihre Augen. »Hoffentlich ist ihm nichts zugestoßen. Engelbert ist nicht wie die meisten …« Sie hielt inne, ihre Stimme war nur mehr schwach zu hören. »Er ist ein … Netter.«

Merana überlegte, ob er sie auf das Foto aus der Werkstatt ansprechen sollte. Aber vielleicht wusste die junge Frau gar nichts davon, dass Engelbert Fadmann dem Engel auf dem Stall von Bethlehem ihr Antlitz verleihen wollte. Dieses mögliche Geheimnis vor ihr preiszugeben, erschien ihm irgendwie pietätlos.

»Ist an den Abenden, da Herr Fadmann Sie besuchte, etwas Ungewöhnliches vorgefallen?«

Sie dachte nach. »Oh ja, es gab einmal eine Auseinandersetzung mit einem anderen Gast, unten im Foyer. Engelbert war das äußerst peinlich.«

»Kennen Sie diesen Gast?«

»Nein, ich weiß seinen Namen nicht, obwohl er öfter herkommt. Fragen Sie den Geschäftsführer, der müsste es wissen. Sagen Sie ›der mit dem Sternspritzer‹, dann weiß Derek schon, wer gemeint ist.«

Sie erhoben sich vom Bett und gaben der jungen Frau zum Abschied die Hand. Merana sah sie kaum in die

Augen, aber dem Priester schenkte sie ein schwaches Lächeln.

»Der mit dem Sternspritzer? Ja, den kennen wir.« Derek Miesner wusste sofort, von wem die Rede war. »Er verdrückt sich meistens mit Chantal aufs Zimmer. Und sie muss immer einen langen Sternspritzer in der Hand halten, der Funken sprüht. Wir stellen jedes Mal eine großen Krug Wasser neben das Bett. Gegen Aufpreis organisieren wir für unsere Gäste auch Maibäume oder Eisenbahnschienen. Wir bieten jedes Service.«

»Der Name des Gastes, Herr Miesner?«, drängte Merana.

Der Geschäftsführer zögerte. »Wir leben auch von der Diskretion, was unsere Kunden betrifft, Herr Kommissar. Müssen Sie den Namen unbedingt wissen?«

Anstelle des Kripochefs antwortete der Pfarrer. »Schau, Derek, jetzt wird der Kommissar dir gleich erzählen, dass Gefahr im Verzug ist, dass er dich auf der Stelle mit in die Polizeidirektion zum Verhör nimmt, dass in einer halben Stunde eine Horde von Tatortleuten dein schönes Haus auseinandernimmt, von allen Gästen die Personalien eruiert … Das willst du doch alles nicht, oder?«

Im Gesicht des Smokingträgers arbeitete es. Er stellte sich offenbar vor, wie eine Heerschar aufgebrachter Kripobeamter sein Etablissement durchpflügte. Der Pfarrer legte ihm die Hand auf die Schulter.

»Ich kenne Martin Merana schon lange. Man kann davon ausgehen, dass der Herr Kommissar bis zu einem gewissen Grad auch diskret sein kann, wenn die Situation es zulässt. Aber glaub mir eines, Derek, Geduld gehört nicht zu seinen Stärken. Also raus damit, wer ist der Kunde?«

Der Mann im Smoking schluckte kräftig.

»Zatterbleck. Konrad Zatterbleck heißt der Gast, mit dem Herr Fadmann aneinander geriet.«

Merana, der den Ausführungen seines ehemaligen Schulfreundes mit leichtem Amüsement gelauscht hatte, wurde ernst.

»Zatterbleck, der Unternehmer?«

»Ja, genau der.«

In Meranas Kopf blitzten kurz die Umrisse einer schemenhaften Eingebung auf, als hätte jemand ein Streichholz entzündet und gleich wieder gelöscht. Er konzentrierte sich darauf, die Bruchstücke dieses Bildes zu ordnen. Wenn sein Eindruck stimmte, dann wurde auch klar, was die Zahlen 304 und 309 bedeuteten. Das waren keine Zimmernummern. Er musste unverzüglich ein paar zusätzliche Erkundigungen einziehen.

»Bastian, sammle bitte deine aus der Fassung geratenen Schauspielerinnen ein, wir müssen weiter. Ich erwarte euch im Auto.«

Er gab dem Geschäftsführer die Hand, winkte den beiden halb nackten Sternendamen hinter der Bar zu und begab sich nach draußen. Der Mann mit der Narbe hielt schon seinen Mantel bereit.

Pfarrer Rosner steuerte auf die leicht schwankenden Säulen seiner Theatertruppe zu, die sich mit einer Hand am Tresen anhielten, während sie mit der anderen den nächsten Wodka kippten. Es war inzwischen der neunte Doppelte.

»Was die Damen konsumiert haben, geht natürlich aufs Haus«, rief der Geschäftsführer hinter Rosners Rücken. Der Priester hob zum Dank die Hand.

»Liebe Wendelgard, liebe Gerhild, es wird Zeit aufzubrechen.«

Die Handarbeitslehrerin, die eben versucht hatte, das leere Schnapsglas auf dem Tresen zu platzieren, drehte sich mit Schwung in Rosners Richtung. Sie geriet etwas aus dem Gleichgewicht und hätte wohl eine Bauchlandung auf dem Teppich hingelegt, wäre sie nicht von der ebenfalls schwankenden Gerhild Mayer abgestützt worden.

»Hören Sssie, Herr Pfarrer. Wir sssind von Ihnen enttäuscht!« Die Handarbeitslehrerin fuchtelte mit dem Zeigefinger vor Rosners Gesicht. »Jawolll, enttäuscht. Maaaaßloos!«

Gerhild Mayer stimmte ihr bei. »Dass der Stadtrat sich hier seinen Schniedel wund stößt, interessiert uns nicht, lieber Pfarrer Rosner. Aber Sie, ein Mann der Kirche!«

Die Handarbeitslehrerin fuhr mit ihrem Zeigefinger dazwischen. »Ein Mann *unserer* Küche ... äh Kirche!« Der Zungenschlag von Wendelgard Hupfknecht wurde bedrohlicher. »*Unssser* Pfarrer! Schämen Sssie sich, Sie Lüüü…«

Die Zunge gehorchte ihr nur mehr schwer. »Sie … Lüüü… Lüüü…«

»Lüstling?« Der Pfarrer grinste. Wendelgard nickte, gleichzeitig bekam sie Schluckauf.

Rosner fasste die beiden Frauen links und rechts am Arm.

»Meine Damen, ich darf Sie beruhigen. Ich habe zum ersten Mal einen Fuß über die Schwelle dieses Hauses gesetzt. Und es liegt auch nicht in meiner Absicht, so bald wieder zu kommen.«

»Das bedauern wir sehr, Hochwürden. Sie sind immer ein gern gesehener Gast.«

Der Geschäftsführer hatte die kleine Szene mitbekommen und grinste. Die beiden Hobbyschauspielerinnen wollten etwas auf Miesners Bemerkung erwidern, aber sie hatten genug damit zu tun, einigermaßen das Gleichgewicht zu halten. Sie waren sturzbetrunken, aber nicht besoffen genug, dass ihnen die Gestalt entgangen wäre, die vom oberen Stiegenansatz aus die Szene im Foyer beobachtet hatte.

Die plötzlich aufgetauchte Erscheinung ließ die beiden Frauen für eine Sekunde schlagartig nüchtern werden.

»Der Engel!«, stammelte Wendelgard Hupfknecht. »Ich fasse es nicht, der Engel …«

»… aus der Krippe!«, ergänzte ihre Begleiterin nahezu tonlos. Beide rissen die Augen auf, als sähen sie ein Gespenst.

»Welche Krippe? Hochwürden, wovon reden die Damen?« Der Geschäftsführer machte ein fragendes Gesicht.

»Nichts! Meine beiden grandiosen Bühnendarstellerinnen haben nur einen Satz aus unserem Weihnachtsspiel zitiert. Und jetzt haben wir es eilig!« Er zerrte die beiden Stolpernden in Richtung Ausgang.

»Guten Abend, die Damen«, rief er über die Schulter in Richtung Bar. »Und Derek, spar dir ein für allemal den ›Hochwürden‹. Ich bin schlicht und einfach Pfarrer Rosner. Das genügt.« Und schon war er mit den beiden Frauen im Gang verschwunden, der zur Garderobe führte.

Der Geschäftsführer rief ihm nach: »Ich werde es mir merken … Eure Heiligkeit!«

Dann richtete er den Blick nach oben. Aber Ramona war schon verschwunden.

»Wir sollten die beiden Säuferinnen nach Hause bringen. Aber ich fürchte, uns bleibt wenig Zeit.«

Der Pfarrer wehrte ab, schaute nach hinten.

»Lass nur, Martin, die beiden schlafen fest. Neun doppelte Wodka in 20 Minuten. Das haut sogar einen Wolgaschiffer um.«

Der Kommissar hielt auf die Autobahn zu. Ihr Ziel lag westlich der Stadt, nahe an der bayrischen Grenze.

»Woher kennst du den Geschäftsführer eines Edelpuffs, Bastian?«

Der Pfarrer gluckste. »Jedenfalls nicht von Besuchen in diesem Haus. Kennengelernt habe ich Derek Miesner in meiner Zeit als Gefängnisseelsorger, bevor ich nach Afrika ging. Er verbüßte damals eine dreijährige Freiheitsstrafe. Er meinte, ich hätte ihn auf einen neuen Weg gebracht. Ohne mich wäre er nur noch tiefer in die Scheiße gerutscht. Ich wusste gar nicht, dass er in der ›Casa d'Oro‹ auch tätig ist. Meines Wissens leitet er noch ein ähnliches Etablissement in Bayern. Er ist übrigens einer unserer spendabelsten Gönner. Aber er hängt seine finanzielle Unterstützung für unser Flüchtlingshaus nicht an die große Glocke.«

Sie erreichten die Autobahnauffahrt. Merana schaltete den Scheibenwischer auf die höchste Stufe. Das Schneetreiben war wieder stärker geworden.

Während er auf den Pfarrer und die Frauen wartete, hatte Merana im Internet recherchiert. Er hatte sich richtig erinnert. Das Unternehmen Zatterbleck & Söhne versuchte seit zwei Jahren, seinen Betrieb zu erweitern. Bisher vergebens. Die Firma stellte im großen Rahmen Christbaumschmuck und Weihnachtsdekoration jeglicher Art her. Wie sich ein mittelständiger Salzburger Betrieb gegen die Billigkonkurrenz aus Asien behaupten konnte, war Merana schleierhaft. Vielleicht war die geplante Erweiterung für den Betrieb auch wirtschaftlich überlebensnotwendig, um dem Druck auf dem internationalen Markt standzuhalten. Merana hatte unter dem Namen *Zatterbleck* auch einige Fotodateien und Societystorys gefunden. Valentina Zatterbleck war die Ehefrau des Firmenchefs. Sie arbeitete als Designerin für Weihnachtsschmuck. Auf fast allen Bildern konnte der Kommissar erkennen, dass sich Valentina als elegante Erscheinung präsentierte. Er schätzte sie auf Anfang 30. Auf zwei Großaufnahmen waren auch deutlich ihre Ohrgehänge zu erkennen. Sie hatten die Form von kleinen Christbaumkugeln.

Er hatte Otmar Braunberger verständigt und ihn beauftragt, ein paar offene Fragen abzuklären. Das Bild einer möglichen Erklärung für die sonderbare Geschichte, die dem Verschwinden von Engelbert Fadmann zugrunde liegen könnte, war noch sehr verschwommen. Aber es war nicht ausgeschlossen, dass Johnny Lametta Opfer von Umständen wurde, bei

denen der Zufall wahllos blinde Regie geführt hatte.
Die Informationen, die sich nach Braunbergers Rückruf
aus den Ermittlungen des Abteilungsinspektors ergaben,
bestärkten den Kommissar in seiner Ansicht. Sie mussten in jedem Fall dieser Spur nachgehen.

Von der Rückbank war ein kurzes Aufstöhnen zu
hören. Für einen Moment tauchte das verwirrte Gesicht
der Handarbeitslehrerin im Rückspiegel auf. Sie blinzelte verschlafen, grunzte etwas Unverständliches und
tauchte wieder unter. Merana setzte den Blinker. Sie
bogen von der Autobahn ab. Sie hatten noch eine gute
Viertelstunde zu fahren. Otmar hatte ihm die Zieladresse fürs Navi übermittelt.

Das zweistöckige Haus mit dem schräg gesetzten Dach
lang im Dunkeln.

Es war inzwischen fast drei Uhr morgens. Seit sie die
Autobahn verlassen hatten, war der Schneefall schwächer geworden. Merana ließ die Standheizung laufen
und bat den Pfarrer, bei den Frauen im Auto zu bleiben. Er würde alleine die Hausbewohner aus dem Schlaf
scheuchen. Es dauerte fast fünf Minuten, bis nach Meranas Sturmläuten Licht im Innern des Gebäudes aufflammte. Und drei weitere Minuten, bis er der verschlafenen Frau, die ihren Kopf durch ein Fenster im ersten
Stock streckte, sein Anliegen klar gemacht hatte.

Sie öffnete die Haustür und ließ ihn herein. Valentina Zatterbleck hatte sich einen Morgenmantel übergeworfen. Sie bat ihn, im Wohnzimmer Platz zu nehmen.

»Mein Mann ist noch nicht nach Hause gekommen.
Was wollen Sie, Herr Kommissar?«

»Haben Sie eine Ahnung, wo er ist?«

Sie schüttelte den Kopf. »Er war auf einer Weihnachtsfeier.« Das wusste Merana schon aus Otmar Braunbergers Recherchen.

»Hat er sich am Abend bei Ihnen gemeldet oder später in der Nacht?«

Wieder schüttelte sie den Kopf. »Was soll das Ganze? Was ist passiert?«

»Das weiß ich nicht, Frau Zatterbleck. Aber ich erzähle Ihnen, was passiert sein könnte.«

Sie schaute ihn mit großen Augen an.

»Die Weihnachtsfeier, die Ihr Mann besuchte, begann um 19.30 Uhr und dauerte bis weit nach Mitternacht. Ihr Mann verließ die Feier schon kurz nach 21 Uhr. Wissen Sie, warum er so früh gegangen ist?«

Sie zuckte mit den Schultern. »Keine Ahnung. Es war irgendein Fest des regionalen Wirtschaftsbundes. Vielleicht hat ihm die Tischgesellschaft nicht gepasst. Konrad handelt oft sehr spontan.«

»Die Feier fand im ›Restaurant Edelberger‹ statt. Das liegt nur einen halben Kilometer vom Pfarrheim St. Barbara entfernt.«

»Na und?«

Und dann schilderte ihr der Kommissar kurz und bündig, was aller Wahrscheinlichkeit nach in dieser Nacht passiert war. Im Pfarrheim St. Barbara sei an diesem Abend eine Theateraufführung über die Bühne gegangen. Einer der Hauptdarsteller habe um 21.10 Uhr das Pfarrhaus verlassen, um sich für ein paar Minuten die Beine zu vertreten. Der Fahrweg, der vom »Restaurant Edelberger« zur Hauptstraße führt, liegt etwa

150 Meter vom Pfarrheim entfernt. Sowohl zeitlich als auch örtlich könnte es also durchaus passiert sein, dass Konrad Zatterbleck bei seiner Fahrt Richtung Hauptstraße auf den spaziergehenden Schauspieler traf und ihn im Scheinwerferlicht erkannte. Bei dem Laiendarsteller handelte es sich um den Landesbeamten Engelbert Fadmann. Das war derselbe Herr Fadmann, der als zuständiger Referent im Umweltamt das Ansuchen der Firma Zatterbleck & Söhne um Betriebserweiterung bearbeitete, und das bisher, trotz zweimaliger Nachrüstung bei der Erfüllung der Umweltauflagen, stets negativ beschieden wurde. Das war weiters derselbe Engelbert Fadmann, mit dem sich eine elegante Dame, die einen Lamborghini fährt und gelegentlich kleine Christbaumkugeln als Ohrschmuck trägt, vor zwei Tagen im »Romantikgasthof Hummelberger« verabredet hatte. Die Begegnung war nur von kurzer Dauer gewesen, denn der als Ausbund an Korrektheit beschriebene Landesbeamte war bereits nach zehn Minuten wieder gegangen. Sein Zustand nach dem Aufbruch wurde von einem verlässlichen Zeugen als äußerst erbost beschrieben, was vermutlich daran lag, dass besagte Dame ihm zwecks Genehmigung der für den Betrieb des Gatten wirtschaftlich notwendigen Erweiterung ein Angebot unterbreitete, das außerhalb jeglichen gesetzlichen und moralischen Rahmens lag. Die Vermutung für das Unterbreiten eines unlauteren Handels wird durch die Tatsache bestärkt, dass Herr Fadmann auf eine Visitenkarte des Gasthofs die Ziffernkombinationen 304 und 309 notierte. Diese beiden Zahlen verweisen im Österreichischen Strafgesetzbuch auf zwei Paragrafen, die

sich auf »Bestechlichkeit und Bestechung von Bediensteten« beziehen.

Merana hielt inne. Sein Gegenüber war im Fauteuil zurückgesunken und blies lautstark die Luft durch die Nüstern. Gleichzeitig schüttelte Valentina Zatterbleck ihre dunkelblonde ungekämmte Mähne.

»Dieses selbstgerechte kleine Arschloch!« Ihr Oberkörper straffte sich. Der Kopf schnellte vor wie bei einem Reptil. Zuckendes Feuer schoss in ihre eben noch verschlafenen Augen.

»Glauben Sie, ich hätte mich mit dieser tranigen Tröte auch nur eine Sekunde an denselben Tisch gesetzt, wenn uns nicht das Wasser bis zum Hals stünde? Für meinen Mann und die Firma geht es ums wirtschaftliche Überleben. Und dieser Beamtensesselfurzer, der sich noch nie außerhalb seines Paragrafendschungels auch nur ein Butterbrot verdienen musste, faselte dauernd etwas von irgendwelchen Lurchen und Moosflechten!«

Sie raffte den Morgenmantel über ihrer Brust zusammen, sprang auf und verschwand. Was kommt jetzt?, überlegte Merana. Doppelter Wodka auf den Schreck? Oder holte sie die Schrotflinte, um ihn zu bedrohen? Aber sie kehrte nur mit einer Flasche Mineralwasser zurück. Sie goss sich ein Glas voll und schenkte ihm auch eines ein.

»Ich wäre da nie hingegangen, wenn mich mein Mann nicht auf Knien angefleht hätte.«

Ob sie wusste, dass der Göttergatte regelmäßig in der »Casa d'Oro« verkehrte?

Vermutlich. So wie er Valentina Zatterbleck einschätzte, machte sie sich nichts vor.

Sie sah ihn an. »Und jetzt?«

»Es gibt einen Zeugen, der beobachtete, wie eine Person eine zweite zu einem SUV brachte. Ihr Mann fährt einen BMW X7, das haben wir überprüft. Er könnte Engelbert Fadmann unabsichtlich angefahren haben. Er könnte aber auch angehalten haben, um ihn zur Rede zu stellen, wie er das schon öfter gemacht hatte. Neigt Ihr Mann zu Handgreiflichkeiten?«

Sie nickte, verzog ihre Lippen. Ihr Gesicht nahm einen verächtlichen Ausdruck an.

»Dieser Idiot! Wo reitet er uns da wieder hinein?«

Mit einem tiefen Seufzer erhob sie sich, machte ein paar Schritte bis zur Anrichte, auf der ihr Handy lag. Sie zeigte Merana eine Nachricht, die um 23.36 Uhr eingegangen war.

Ich komme nicht heim. Ich muss noch Lametta aufmöbeln.

»Ich dachte, das sei einer seiner üblichen Scherze. Aber ich verstehe die Andeutung nicht. Wir führen zwar alles mögliche an Weihnachtsschmuck, aber kein Lametta.«

Er erklärte es ihr. Der Schreck in ihrem Gesicht wurde größer.

»Wir haben einen alten Bauernhof, etwa drei Kilometer von hier entfernt. Er liegt knapp vor der Grenze. Wir benutzen ihn meist nur als Lager für unverkäufliche Altbestände. Vielleicht ist Konrad dort. Ich ziehe mich schnell an und komme mit. Der Hof liegt etwas abgelegen.«

Was für eine Nacht! Merana wunderte sich nicht, dass ihre Suche ausgerechnet in einem Stall endete. Er empfand es als weiteren Streich irgendeiner durchgeknallten Schicksalsgöttin, die sich vermutlich ständig ins Fäustchen lachte. Ein Weihnachtsspiel mit Lebkuchen und Glühwein war der Ausgangspunkt gewesen. Ein verrücktes Theaterstück mit einer Bühnenfigur namens Gloria und einem verschwundenen Detektiv, der ausgerechnet *Lametta* hieß. Und was hatten sie nicht alles erlebt auf dieser vorweihnachtlichen Rallye quer durch Salzburg. Weihnachtslieder grölende Karaokesänger bei einer Betriebsweihnachtsfeier in einem Romantikgasthof. Einen Krippenschnitzer, der ihnen mitten in der Altstadt für kurze Zeit Herberge und Südtiroler Rotwein anbot und ihnen seine kunstvollen biblischen Figuren zeigte. Ein Bordell in einem verschneiten, von Weihnachtsbäumen gesäumten Park, in dem sich käufliche Glitzerdamen tummelten, die Goldschnüre mit Christbaumkugeln um den nackten Leib trugen. Eine der Damen zierte mit ihrem Gesicht den Engel auf einer Weihnachtskrippe. Und jetzt waren sie in einem Stall gelandet. Der stand nicht auf einem Feld in Bethlehem, sondern knapp vor der bayrischen Grenze in Großgmain bei Salzburg, und gehörte zu einem leicht heruntergekommenen Bauernhof. Ein zugekiffter Drehbuchautor hätte keine verrücktere Story erfinden können. Die beiden schnarchenden Wodkaleichen hatten auf der Rückbank zusammenrücken müssen, um dem Pfarrer Platz zu machen. Valentina Zatterbleck war auf den Beifahrersitz geklettert, um Merana den Weg zu zeigen.

Das Bild, das sich ihnen bot, war friedlich. Ein verschneiter kleiner Hof mit angeschlossenem Stall in einer verschneiten Landschaft, über der ein klarer Sternenhimmel leuchtete. Es hatte vor einer halben Stunde zu schneien aufgehört. Der BMW stand neben einem Apfelbaum, dessen Äste kleine Schneehauben trugen. Ein Bild, das Sanftheit ausstrahlte. Es fehlte nur noch Turmbläser und ein weihnachtlicher Engelschor.

Weitaus friedlicher, als Merana erwartet hatte, war auch die Szenerie im Inneren des Gebäudes. Friedlich und bizarr zugleich. Das Haus war unverschlossen. Valentina Zatterbleck hatte für alle Fälle zwei große Taschenlampen mitgebracht, aber das elektrische Licht im Stallgebäude funktionierte. Allerdings brannte nur eine der vielen Leuchten, was der Atmosphäre eine schummrige Aura verlieh. Es gab sogar Tiere in diesem Stall. Keinen Ochsen und keinen Esel, aber eine Reihe von Rentieren, die ineinander verkeilt in einem Verschlag lagen. Sie waren aus LED-Lichterschläuchen geformt und hatten Kabel zum Anstecken. Weihnachtsmänner, Schlitten mit Lampen, verstaubte Lichterketten ohne Leuchten, überdimensionale Christbaumkugeln, Silbergirlanden und zwei Plastikhirten machten aus dem ehemaligen Viehstall ein Ramschlager für abgelegte Weihnachtsromantik. Und mitten drin schliefen auf dem Boden zwei Männer. Die Hand des einen war mit einem Kabelbinder an einem der Stützbalken befestigt. Der andere hielt eine halb volle Weinflasche umklammert und schnarchte, dass sich fast die Querbalken unter dem Dach bogen. Der Unternehmer Konrad Zatterbleck und sein unfreiwilliger Gast Johnny Lametta. Beide Schläfer waren auf Bastmatten gebettet und mit Planen zugedeckt. An der Wand stapelten sich Weinkartons. Auf dem Boden zwischen den beiden Männern glühte ein eingeschalteter Heizstrahler, umgeben von vier leeren Weinflaschen.

Den größten Schrecken hatte Wendelgard Hupfknecht zu verdauen. Sie war aus einem wirren Traum hochgeschossen und mit dem Kopf gegen das Autofenster geknallt. Ihr war kalt. Sie befand sich auf der Rückbank eines Wagens. Alleine. Draußen war es dunkel, und sie hatte keine Ahnung, wo sie war. Sie öffnete vorsichtig die Wagentür. Sie befand sich neben einem gespenstisch aussehenden Haus. Hinter den Fenstern des lang gezogenen Gebäudes auf der rechten Seite schimmerten flackernde Lichter. Funken von Erinnerung über die Vorgänge der vergangenen Stunden setzten ein. Ihr Kopf schmerzte plötzlich fürchterlich und fühlte sich an wie ein summender Bienenkorb. Dumpfe Stimmen waren aus dem Inneren des Gebäudes zu hören. Sie stolperte durch den Schnee auf das Haus zu, fiel hin, rappelte sich hoch. Sie riss die angelehnte Holztür auf und torkelte ins Innere. Ihr bot sich ein gespenstisch bizarrer Anblick. Neben einem Verschlag mit aufgestapelten Rentierfiguren beugte sich eine jämmerlich anzusehende Gestalt Richtung Boden und erbrach mit kleinen Brocken durchsetzte Flüssigkeit. Erst beim zweiten Hinschauen erkannte sie in der kotzenden Frau ihre Bühnenkollegin Gerhild Mayer. Bilder von barbusigen Mädchen, die Wodka einschenkten, schossen ihr durch den Kopf. Ihr wurde übel. In der Mitte des Gebäudes kniete eine Frau auf dem Boden und versetzte einem Mann schallende Ohrfeigen, offenbar um ihn aufzuwecken. Und an einem der Pfosten, gestützt von Pfarrer

Bastian und dem Kommissar, die ihn immer wieder an den Schultern rüttelten, lehnte jener Mann, für den sie bereit gewesen wäre, alles zu tun. Wegen dem sie sogar die Möglichkeit einer Scheidung ernsthaft in Erwägung gezogen hatte, dem sie ihr Herz schenken wollte. Und was machte dieser Mann? Er grinste. Dämlich. Als sei er besoffen. Was er vermutlich auch war, wenn man sich die vielen leeren Weinflaschen ansah, die über den Boden kullerten.

Und von diesem Mann hatte sie heute erfahren, dass er sich mit Frauen in Romantikgasthöfen traf, das Bild von billigen Nutten auf Krippenengeln verewigen ließ und eine ehrbare Frau wie sie dazu brachte, sich in Bordellen, wo nackte Weiber mit nichts als Christbaumkugeln um den Bauch herumliefen, einen doppelten Wodka nach dem anderen hinter die Binde zu gießen. Alle in diesem mit gespenstischem Sammelsurium angefüllten Stall waren so beschäftigt mit Kotzen, Ohrfeigengeben und Schulterrütteln, dass offenbar keiner bereit war, ihr auch nur einen Funken von Aufmerksamkeit zu schenken. Sie beschloss, auf der Stelle in Ohnmacht zu fallen, und warf sich mit theatralischem Aufschrei auf einen Haufen alter Säcke gleich neben dem Eingang. Aber auch das beeindruckte niemanden.

Und dann war es ganz schnell gegangen.

Der Kommissar und der Pfarrer halfen der Unternehmergattin, ihren sternhagelvollen, auch durch Ohrfeigen nicht gänzlich wach zu rüttelnden Mann im SUV zu verstauen. Sie würde mit ihm heimfahren und auch die beiden Laienschauspielerinnen mitnehmen. Merana beorderte per Telefon eine Funkstreife zum Haus der Zatterblecks. Die Beamten würden Valentina helfen, ihren Mann ins Bett zu bringen und anschließend Wendelgard Hupfknecht und Gerhild Mayer nach Hause fahren. Um Johnny Lametta kümmerte er sich selbst, unterstützt vom Pfarrer. Engelbert Fadmann, der so gut wie nie Alkohol trank, war von Konrad Zatterbleck überredet worden, Wein zu trinken. Anfänglich hatte er sich geweigert, schließlich aber doch nachgegeben. Deshalb war er auch nur mit einer Hand am Balken gefesselt, um mit der anderen die Flasche halten zu können.

Zatterbleck hatte ihn tatsächlich auf der Straße erkannt und angehalten. Er war davongelaufen, aber der zornige Unternehmer hatte ihn eingeholt und ihm einen heftigen Stoß versetzt. Beim Sturz hatte er sich eine Beule am Kopf zugezogen und war benommen im Schnee liegen geblieben. Da hatte Zatterbleck offenbar Angst bekommen und war in Panik verfallen. Soweit sich Fadmann erinnern konnte, hatte er ihn zu einem Auto gezerrt und im Kofferraum verstaut. Der Beamte war sehr benommen gewesen, hatte aber in der Dunkelheit versucht, eine SMS-Botschaft abzuschicken. Aber er wusste nicht mehr, was und an wen. Er habe bald wieder das Bewusstsein verloren und war erst im Stall aufgewacht, umgeben von Lichterketten-Rentieren, Plastikhirten und Monster-Christbaumkugeln. In den Pausen, die Fadmann bei seiner Schilderung während der Rückfahrt einlegte, hatten Merana und Rosner einen Kurzbericht über die Erlebnisse ihrer nächtlichen Suche eingestreut.

Sie waren nicht sicher, ob er alles mitbekam, denn es war dem Landesbeamten und Hobbyschauspieler deutlich anzumerken, dass noch der Geist des Alkoholteufels durch seine Ganglien waberte.

Pfarrer Rosner brachte das Ergebnis aus Fadmanns Erzählung auf den Punkt.

»Da wird für den ungestümen Unternehmer einiges zusammenkommen: Freiheitsberaubung, Körperverletzung, Nötigung, versuchte Beamtenbestechung. Und seine geforderte Betriebserweiterung kann er endgültig in den Wind schreiben.«

Merana brummte etwas Unverständliches. Er war hundemüde und versuchte, sich auf die Straße zu konzentrieren. Die juristischen Probleme des Herrn Zatterbleck waren ihm im Augenblick herzlich egal. Er war froh, dass sie alle miteinander diesen skurrilen Hürdenlauf über mehrere weihnachtlich bizarre Stationen einigermaßen heil überstanden hatten. Außer einer gehörigen Portion Kopfweh und ein paar blauen Flecken bei einigen Beteiligten würden keine großen Nachwirkungen bleiben.

Und wenn die Affaire publik wurde, dann brauchte sich sein Freund Bastian keine Sorgen um die Auslastung der noch geplanten vier Aufführungen machen. Die Leute würden den Pfarrsaal stürmen.

Bis sie die Stadtgrenze erreichten, herrschte Stille im Wagen. Dann hörten sie Johnny Lametta auf dem Rücksitz sagen: »Also das mit den Umweltauflagen wegen der Betriebserweiterung muss ich mir noch einmal genauer anschauen und eventuell ein zusätzliches Gutachten einholen. Conny hat erwähnt …«

»Conny?« Der Pfarrer auf dem Beifahrersitz wandte ruckartig den Kopf nach hinten.

»Naja«, druckste der Landesbeamte herum. »Nach

der zweiten Flasche hat er mir das Du angeboten und gemeint, alle sagen zu ihm Conny. Und unter den gegebenen nicht ganz einfachen Umständen wollte ich mich nicht ... äh ... querlegen.«

Schallendes Lachen erfüllte den Wagen. Merana hätte fast das Steuer verrissen.

»Conny Zatterbleck und Johnny Lametta versaufen sich im Stall ...«, sang der Pfarrer nach einer Melodie, die offenbar nur ihm bekannt war.

»Ich bitte mir Ruhe aus!« Der Kommissar wurde laut. »Sonst landen Johnny Lametta und Pfarrer Basti Rosner gleich mit mir im Straßengraben.«

Es wurde still im Wagen, auch wenn der Priester immer wieder ein leichtes Glucksen hören ließ.

Nach zwei Minuten sagte Fadmann: »Ich möchte zu Jakob! Setzen Sie mich bitte am Kapitelplatz ab!«

»Was?« Merana schüttelte den Kopf. »Kommt nicht infrage. Es ist halb fünf!«

»Dann lassen Sie mich auf der Stelle aussteigen. Ich rufe mir ein Taxi. Oder gehe zu Fuß in die Innenstadt.«

»Aber Engelbert, deine Krippe kannst du auch am Vormittag abholen«, versuchte der Pfarrer einzulenken. Der Landesbeamte streckte den Kopf nach vorn.

»Ich will sie jetzt holen!«

Merana schnaubte. Auch das noch. Vom verhinderten Womanizer zum trotzigen Kleinkind. »Also gut! Fahren wir zu Heckenblanks Werkstatt.« Er bog an der nächsten Kreuzung nach rechts ab und hielt auf die Lichter der Festung zu.

»Was machst du mit der Krippe?«, wollte der Pfarrer wissen.

Plötzlich wurde Johnny Lamettas Stimme weich. »Ich schenke sie Ramona. Sie hat sich als Kind immer eine Krippe gewünscht, aber nie eine bekommen.«

Merana zog deutlich hörbar die Luft ein, aber er sagte nichts.

Ein als Musterbild an Korrektheit verschriener schüchterner Landesbeamter schenkt einer Edelnutte eine Weihnachtskrippe mit einem Engel auf dem Dach! Weit hatten sie es gebracht in dieser Nacht. Es wurde Zeit, dass die Reise zu Ende ging, sonst drehte er noch durch.

Am Kapitelplatz angekommen, beschloss er mitzukommen. Wie er den alten Krippenschnitzer einschätzte, hatte der nicht nur einen ausgezeichneten Rotwein im Angebot, sondern auch einen starken Kaffee.

Und vielleicht fand Merana unter den vielen kunstvoll geschnitzten Figuren sogar noch ein Weihnachtsgeschenk für die Großmutter.

NIKOLAUS, DU TOTER MANN

Saskia fror. Sie blies warmen Atem auf ihre klammen
Finger. Sie hatte ihre Handschuhe vergessen. Im Bus
war ihr das Fehlen der Fäustlinge aufgefallen, doch da
war es schon zu spät. Idiotin! Sie blickte auf die Uhr.
Schon zehn Minuten nach halb neun. Wo bleibt sie nur?
Sie selbst war pünktlich gewesen. Sogar zehn Minuten
zu früh. Deshalb fror sie jetzt schon seit 20 Minuten
auf der Straße. Triste Umgebung. Auf dem Weg von
der Busstation war ihr ein einziges Kaffeehaus aufgefallen. Doch da würden sie keine zehn Pferde hinein-
bringen. Sie las zum dritten Mal die Annonce. »Brauchst
du Babysitterin? Mich anrufen.« Auf dem grünen Zettel stand auch eine Telefonnummer. Daneben hing ein
großes rosa Blatt mit dem Bild einer Katze. Getigertes
Fell. Schwarze Schwanzspitze. »Wer hat meinen Murli
gesehen? Er ist am 4. Dezember entlaufen.« Das war
vorgestern. Die Auslagenscheibe war vollgepflastert mit
Anzeigen, Plakaten, Veranstaltungsankündigungen. Das
Geschäft stand wohl schon eine Zeit lang leer. Der Raum
hinter der verdreckten milchigen Scheibe war verlassen.
Nur ein paar Kabeln hingen aus der Wand.

»Copys op Breitner« stand über der Eingangstür. Das
h war herausgerissen. Wer stahl ein *h*? Sie betrachtete
wieder die Glasfront. Besonders auffällig fand Saskia die
in zartem Gelb gehaltene Einladung eines Bibelkreises

am rechten Rand der Auslage. »Suchet, so werdet ihr finden (Matthäus 7,7)« stand in dicken Lettern am oberen Rand. Und darunter die Aufforderung, die Bibel gemeinsam zu lesen, um gerettet zu werden. Einmal die Woche. Dazu eine Internetadresse zur Anmeldung. Aber am besten fand sie den Spruch, der die Anzeige abschloss. »Denn ich, der Herr, habe Lust an der Liebe und nicht am Opfer (Hosea 6,6).« Um Lust ging es auch in dem Geschäft, das sich daneben befand, und vor dem sie nun schon geschlagene 22 eiskalte Minuten wartete. Das war ein Sexshop, mit knalligem Schriftzug quer über der Vorderfront. »Amoritta«. Saskia lachte. Welch herrliche Umgebung. Die Einladung eines Bibelkreises direkt neben einem Erotikladen. »Denn ich, der Herr, habe Lust an der Liebe …« Sie war sich auch nicht sicher, ob »Brauchst du Babysitterin? Mich anrufen« tatsächlich ein ernsthaft gemeintes Angebot für Kinderbetreuung war oder doch eher auf ganz andere Dienste abzielte.

»Entschuldigen Sie bitte, dass ich Sie habe warten lassen. Aber der Stau am Stadtrand war heute fürchterlich.« Na endlich, die Ladenbesitzerin. Saskia war so im Studium der Anzeigen vertieft gewesen, dass sie das Herannahen der Frau gar nicht wahrgenommen hatte. Sie musste aus einer der Quergassen gekommen sein.

»Ach kein Problem«, log Saskia und reichte der Frau die Hand. Die Geschäftsinhaberin kramte in ihrer riesigen Tasche nach dem Türschlüssel. »Offiziell sperre ich erst um halb zehn auf. Es wird uns also genug Zeit für Ihr Interview bleiben?« Sie hatte den Schlüssel gefunden. »Also ich brauche jetzt einen starken Kaffee. Und

Sie?« Saskia hatte zwar schon mit ihrer Tante in der Früh einen Espresso getrunken. Aber gegen eine weitere Tasse hatte sie nichts einzuwenden. »Bitte sehr. Immer herein in meine gute Stube.«

Die Frau öffnete die Tür und ließ Saskia den Vortritt. Die fasste den Träger ihrer Umhängetasche mit dem Aufnahmegerät fester und trat ins Innere des Ladens. Gleich neben der Tür stand ein leerer Schirmständer. Daran schloss sich ein brusthohes Regal mit durchsichtigen Scheiben an. Einige schwarz glänzende Kleidungsstücke lagen darin. Offenbar Strapscorsagen und Lederdessous. Im Fach darunter bemerkte Saskia gerippte und gebogene Kunststoffobjekte. Sie erkannte zwei »Rabbit«-Vibratoren im Technolook als Sonderangebote. Ob dieses »Love-Toy« heuer auch auf der Weihnachts-Topliste für Erotik-Fans stand? Das würde sie gleich im Interview erfahren. Sie bog um das schräg gestellte Regal und gewann freie Sicht auf den hinteren Teil des Geschäftes. Im ersten Moment glaubte sie, ihren Augen nicht zu trauen. Auf dem Boden lag eine Gestalt. In einer Blutlache. *Mit einer Bischofsmütze?* Saskia suchte Halt, stützte sich an einem der Plastikständer ab.

»Mein Gott, Dominik!« Die Frau hinter ihr ließ die Tasche fallen. In drei schnellen Schritten war sie bei dem Mann, der reglos den hellblauen Kunststoffboden bedeckte. »Dominik!« Sie ging in die Hocke, rüttelte den Leblosen an der Schulter. Erst jetzt bemerkte Saskia den goldenen Umhang, in dem der Mann steckte. Und neben der Tür, die den Raum nach hinten abschloss, lehnte ein Krummstab.

Das darf doch nicht wahr sein. In welchem Traum befinde ich mich?

Vor ihr auf dem Boden des Sex-Shops lag ein toter Nikolaus!

»Bitte, Tante Carola. Lass mich an den Ermittlungen teilnehmen. Immerhin bin ich eine wichtige Zeugin!«

Die Chefinspektorin schüttelte den Kopf, drückte ihre Nichte zurück auf den Stuhl.

»Bei aller Liebe, Saskia. Aber das geht nun wirklich nicht. Du bist kein Mitglied der Polizei.«

Die junge Frau zog eine mürrische Schnute. Doch sie würde nicht locker lassen. Das spürte auch ihre Tante. An Sturheit grenzende Hartnäckigkeit lag in der Familie. Das wusste Carola Salmann aus leidvoller eigener Erfahrung. In diesem Fall hatte Saskia den Dickkopf von ihrem Vater geerbt, Carolas Bruder Fabian.

Der Mann auf dem Boden des Erotikladens war ganz offensichtlich tot gewesen. Da nützte es auch nichts, wenn die Inhaberin ihn immer wieder am Arm rüttelte und hemmungslos heulte. Saskia hatte ihr klar gemacht, dass ihre Tante bei der Salzburger Kriminalpolizei sei, und Carola augenblicklich angerufen. Dann hatte sie die Inhaberin sanft, aber bestimmt aufgefordert, die Leiche nicht mehr zu berühren. Schließlich sei das hier ein Tatort.

Noch vor dem Eintreffen der Polizei hatte Saskia in der Redaktion angerufen und umgehend die Chefredakteurin verlangt. Seit zwei Wochen machte sie ein Praktikum beim »Salzach Figaro«, einer auflagenstarken Gratiszeitung, die nicht nur in der Stadt Salzburg,

sondern in der ganzen Region gelesen wurde. Chefredakteurin Tara Tomanski staunte nicht schlecht, was
ihr die junge Praktikantin mitteilte. Sie lobte Saskia ausdrücklich für ihr journalistisch professionelles Verhalten, sofort die Redaktion verständigt zu haben. Als ihr
Saskia so nebenbei noch offenbarte, dass die ermittelnde
Chefinspektorin ihre Tante sei, beauftragte sie die Blatt-
chefin, unbedingt am Ball zu bleiben und regelmäßig
Bericht zu erstatten.

Fürs Erste zog sich Saskia zurück, verließ das Büro ihrer
Tante.

»Hallo, Saskia.«

»Hallo, Otmar.« Sie war schon fast an ihm vorbei,
blieb dann aber stehen. Sie drehte sich schnell um, lief
auf den beleibten Mann zu, umarmte ihn und drückte
ihm einen Kuss auf die Wange. »Schön, dich zu sehen.
Ich hoffe, dir geht es gut.« Otmar Braunberger zwin-
kerte ihr zu. »Wenn ich von einer bildhübschen jungen
Frau so charmant begrüßt werde, dann auf jeden Fall.«
Sie winkte ihm zu und huschte hinaus. Der langjährige
Kollege ihrer Tante konnte sie gut leiden, das war ihr
klar. Auch sie fand ihn sympathisch. Vielleicht gelang
es ihr, den stets gutmütig wirkenden Abteilungsinspektor ein wenig »anzuzapfen«, wenn schon ihre Tante auf
stur schaltete.

Saskia sollte für den »Salzach Figaro« an einer Serie
über die aktuellen Trends bei ausgefallenen Weihnachts-
geschenken mitarbeiten. In einem Sex-Shop nachzufra-
gen, war ihre Idee gewesen. Seit die Hälfte des weib-
lichen Anteils an der Menschheit in »Fifty Shades of

Grey«-Fantasien schwelgte, boomte die Branche. Der Chefredakteurin hatte der Vorschlag so gut gefallen, dass sie ihr erlaubte, das geplante Interview mit einer Erotik-Artikel-Händlerin ganz alleine zu führen. Deshalb war Saskia heute früh in der gottverlassenen Straße hinter dem Bahnhofsviertel aufgetaucht. Und dann lag vor ihren Füßen ein toter Mann. In einem Nikolauskostüm! Sie war die einzige Journalistin am Tatort. Und die leitende Ermittlungsbeamtin war ihre Tante. So eine Chance ließ man sich doch nicht entgehen! Auch die Pulitzerpreisträger hatten einmal klein angefangen. Und dass aus ihnen im Lauf ihrer Karriere etwas geworden war, verdankten sie garantiert auch ihrer Hartnäckigkeit. Von dieser grundsoliden Charaktereigenschaft besaß Saskia Bernhard genügend.

»Hallo, Otmar. Wie darf ich dein Lächeln deuten?«

Der Abteilungsinspektor setzte sich auf den Besucherstuhl. »Eben ist deine Nichte an mir vorüber geschwebt. Sie war schon fast draußen, als ihr einfiel, mich vielleicht mit einem Kuss zu bezirzen, damit sie später aus mir herauskitzeln kann, was du ihr an Informationen verweigerst.«

Carolas Lachen erinnerte an glucksende Möwenschreie.

»Immerhin, sie lässt nichts unversucht.«

»Und ein alter Mann wie ich hat eine Schwäche für Schmeicheleien.«

Noch einmal klang das Lachen auf, dann wurden sie beide wieder ernst. Da Kommissar Merana im Ausland weilte, leitete die Chefinspektorin die Mordermittlung.

»Also Otmar, lass uns abgleichen, was wir bis jetzt wissen.«

Sie fassten die Rechercheergebnisse für die Unterlagen zusammen.

Der Tote hieß Dominik Reiter, 34 Jahre alt, von Beruf Web-Designer. Er war der Bruder der Ladenbesitzerin Laelia Reiter. Ihr gehörte das Erotikgeschäft seit acht Jahren. Sie führte den Shop alleine. Ab und zu half ihr Bruder aus, wenn die Besitzerin einen dringenden Termin hatte. So auch gestern. Dominik Reiter hatte zudem Kontakt zu einer kirchennahen Agentur, die Nikolaus-Darsteller vermittelte. Er war vor drei Jahren per Zufall dazu gekommen. Diese Auftritte machten ihm großen Spaß. Seit damals war er in der Vorweihnachtszeit regelmäßig als Nikolaus unterwegs. Laelia Reiter hatte gestern am späten Nachmittag einen unaufschiebbaren Arzttermin. Deshalb vertrat Dominik seine Schwester ab 16 Uhr im Geschäft. Geplant war, dass er bis 18 Uhr blieb, dann den Laden absperrte und zu seiner Nikolausrunde aufbrach. Er besaß einen eigenen Schlüssel. Das Nikolausgewand hatte er bereits mitgebracht. Er wollte, laut Aussage der Schwester, nach den Auftritten ins Geschäft zurückkehren und wieder in sein Alltagsgewand wechseln.

»Wann könnte das gewesen sein?«

»Wie ich von der Agentur erfuhr, war Dominik Reiter für 21.30 Uhr noch bei einer Firmenfeier gebucht. In der Regel dauert der Auftritt bei so einem Anlass etwa eine halbe Stunde. Ich versuche noch, einen Verantwortlichen der Firma zu erreichen, um Genaueres zu erfahren.«

»Was sagt die Gerichtsmedizin?«

»Tatwaffe ist eine schwere Marmorvase, die als Dekoration auf einem Tisch im Verkaufsraum steht. Die Vase lag auf dem Boden. Aufgrund der konstanten Raumtemperatur und dem Fehlen äußerer Einflüsse, lässt sich die Tatzeit einigermaßen sicher eingrenzen. Zwischen 22 Uhr und Mitternacht.«

»War Dominik Reiter bei seiner gestrigen Tour alleine?«

Der Abteilungsinspektor blickte auf seine Unterlagen. »Nein, laut Agentur gehörten zu seiner Begleitung ein Engel und ein Krampus. Die Namen habe ich.«

»Wie heißen sie? Luzifer und Uriel?«

»Nein, Niklas Sextner und Rebecca Mauthahn!«

Die Chefinspektorin blickte amüsiert auf. »Der Krampus heißt Niklas?«

Braunberger nickte. »Keine Vorurteile in der Hölle.« Carola Salmann schmunzelte.

»Na, wenn ihn das nicht schon von vornherein verdächtig macht. Luzifer mit dem Vornamen eines Heiligen.«

Der Abteilungsinspektor grinste zurück. »Ich hatte noch nie das Vergnügen, einen Höllenfürsten in den Verhörschwitzkasten zu nehmen. Ich bin gespannt auf die Einvernahme.«

Carola Salmann stimmte wieder ihr Möwenlachen an.

»Natürlich ermitteln wir zuerst in der unmittelbarsten Umgebung des Toten, sprich bei der Schwester.« Sie blickte auf die Notizen. Sie hatte noch im Büro der Ladenbesitzerin versucht, eine halbwegs brauchbare Aussage von der heulenden Frau zu bekommen.

»Laut ihrer Angabe hat Laelia Reiter gestern Abend von zu Hause aus mit einer Freundin geskypt. Der Name steht im Protokoll. Die Uhrzeit weiß sie nicht mehr genau. Danach sei sie in ein Lokal gefahren, eine bekannte Disco auf dem Land. Dort fand am gestrigen Krampustag eine heiße Höllenparty statt. Viel Haut und wenig Hemmungen.«

Der Abteilungsinspektor erhob sich. »Dem werden wir nachgehen. Hemmungen habe ich auch wenig, wenn es um Mordermittlung geht. Und meine Haut strotzt vor sprichwörtlicher Zähigkeit.«

Saskia fühlte sich großartig, als sie in die Redaktion zurückkehrte. Sie studierte Kommunikationswissenschaften. Dies war ihr zweites Zeitungspraktikum. Normalerweise durfte man als Praktikantin nur simple Recherchen durchführen, ergänzend zu den Arbeiten der Profis. Wenn es hochkam, schrieb man gegen Ende der Praktikumszeit einen kleinen Artikel. Über die Frühstücksgewohnheiten von Pendlern, über aktuelle Sonderangebote bei Hamster-Fressnäpfen und ähnliche weltbewegende Themen. Aber sie erledigte eben jetzt den Job einer Top-Journalistin. Sie recherchierte exclusiv in einem Mordfall!

»Die Polizei hält sich wie immer bedeckt, Saskia.« Die Chefredakteurin bot ihr einen Stuhl an. »Alle anderen in der Branche wissen noch weniger. Selbst die Fernsehleute versteigen sich zu schwachbrüstigen Schwafeleien. Was haben wir?«

»Auch nicht mehr«, wäre die richtige Antwort gewesen. Aber das würde eine Top-Journalistin nie zugeben.

»Die untersuchenden Beamten schwanken noch, ob es eine Tat aus Leidenschaft war, oder ob ein finanzieller Aspekt im Hintergrund mitschwingt. In diesem frühen Stadium will die Polizei jedenfalls keine Ermittlungsrichtung ausschließen.«

Die Chefredakteurin sagte nichts. Sie verschränkte die Arme und lehnte sich zurück.

Ihre Augen ruhten auf der Praktikantin. Sie fixierte ihr Gegenüber. Schweigend.

Saskia merkte plötzlich, wie ihr warm wurde, obwohl im Büro normale Zimmertemperatur herrschte.

»Ich gebe dir einen guten Rat, junge Dame. Und ich gebe ihn dir nur ein Mal.«

Tara Tomanski beugte sich vor. Jetzt hatte Saskia das Gefühl, auf ihrem Körper liege eine Heizdecke.

»Versuch niemals wieder, eine Kollegin, die dir an Erfahrung um Lichtjahre voraus ist, zu verarschen. Noch dazu wenn es sich um deine Chefin handelt. Wenn du nichts hast, dann hast du nichts. Basta. Aber spar dir dein hohles Geschwafel für irgend einen flachhirnigen Adonis, dem du in einer schummrigen Bar bei einem Caffé latte imponieren willst. Verstanden?«

Saskia schluckte. Die Wärme im Raum schien ihr allmählich unerträglich. Sie merkte, wie sie rot anlief. Sie nickte. Am liebsten wäre sie jetzt zu Hause, in Graz, bei ihrer Mama. Sie würde sich unter der Bettdecke verkriechen und warten, bis Mutti ihr eine heiße Milch mit Honig brachte.

»Du hast diesen Job nur, weil du zufällig am Tatort warst. Und weil du durch irgendeine genetische Fügung der Natur die Nichte der ermittelnden Chefinspektorin bist. Also mach was draus! Entweder du schaffst es, deine Tante zu bewegen, dass sie dir etwas Zielführendes erzählt, oder du lässt dir etwas anderes einfallen, das dich weiter bringt, anstatt meine Zeit durch sinnlose Albernheiten zu vergeuden. Andernfalls bist du den Auftrag im Handumdrehen wieder los!«

Die grauen Augen der Chefredakteurin sprühten Funken. Sie fuhr sich mit der Linken durch das kurz geschnittene, strubbelige Haar. »Habe ich mich klar ausgedrückt?«

Saskia nickte. Klar wie ein Eissee. Die Zimmertemperatur sank allmählich auf ein erträgliches Maß zurück. Irgendwo in ihrem leicht bebenden Körper jubelte eine schwach schmetternde Trompete. Wenn sie das eben richtig verstanden hatte, war das noch kein Rauswurf gewesen. Tara Tomanski gab ihr noch eine Chance. Fanfarenstoß!

»Ja, ich werde mich sofort wieder an die Arbeit machen.« Sie rappelte sich hoch, ließ vor Nervosität ihre Tasche fallen, bückte sich danach.

»Noch etwas, Saskia. Du bist bis auf Weiteres von allen anderen Aufträgen befreit. Gib die Ergebnisse deiner übrigen Recherchen an Odette weiter.«

»Wird gemacht.« Sie schnappte ihre Tasche, drehte sich an der Tür noch einmal um.

»Danke.« Dann war sie draußen. Was sie nicht mehr mitbekam, war das Lächeln auf den Lippen der Chefredakteurin. Man musste den jungen Talentierten von Anfang an klar machen, wo es lang ging. Wenn sie zu lange auf dem hohen Ross saßen, sahen sie den Boden nicht mehr.

Saskia steuerte im Redaktionsraum auf Odettes Arbeitsplatz zu. Sie war die Society Redakteurin des Blattes.

»Hallo, Odette, ich soll dir …«

Die Mittvierzigerin mit den violetten Strähnen in der Bobfrisur wedelte mit der Hand.

»Weiß schon Bescheid. Tara hat mir eben eine Mail geschickt. Setz dich. Was hast du?«

»Also für die Serie ›Weihnachtsgeschenke: No Gos‹ habe ich aus allen aktuellen Statistiken folgende Top-Five ermittelt. An der Spitze stehen quer gestreifte Herrensocken mit Bommeln, selbstleuchtende Gartenzwerge, rosa Porzellanhunde, Bügeleisen mit integrierter GPS-Funktion und Mistelzweig-Kuss-Kalorienscanner.«

Die Societyredakteurin stieß ein Kichern aus. »Was ist ein Mistelzweig-Kuss-Kalorienscanner?«

»Bei intensiven Küssen steigen zwar Temperatur, Blutdruck und Herzschlag, aber gleichzeitig werden Kalorien verbrannt.«

»Und unterm Mistelzweig wird man noch schneller schlank?«

»Angeblich. Aber wer will beim Schmusen schon dauernd eine Digitalskala im Auge behalten.«

»Eben. Idiotische Liste, aber gute Arbeit. Danke.«

Damit war die junge Praktikantin entlassen.

Die Chefredakteurin hatte ihr nicht gerade den Kopf abgerissen, aber durch ihre eigene Blödheit war sie nahe dran gewesen. Das durfte nie wieder passieren! Sie huschte zum kleinen Schreibtisch, den sie sich mit Jenny, der zweiten Praktikantin, teilte. Sie hatten sich vor einer Woche gemeinsam einen Adventkalender besorgt. An den ungeraden Tagen war Jenny an der Reihe, an den geraden sie. Heute war der 6. Dezember, also durfte Saskia das Türchen öffnen.

Sie klemmte mit dem Fingernagel den Kartonstreifen auf. Dahinter war wie immer ein Stück Schokolade verborgen. Heute hatte es die Form eines Halbmondes mit Knollennase. Sie steckte sich die Süßigkeit in den Mund, ließ sie langsam auf der Zunge zergehen. Na was ist, Endorphine, wollt ihr wohl sprühen? Nach der Kopfwäsche vorhin tat eine Miniportion an Glücksgefühlen gut. Sie stellte die Tasche auf den Boden und ließ sich auf den Drehstuhl fallen. Was blieben ihr für Möglichkeiten, um an neue Erkenntnisse für die Story heranzukommen? Wenn Tante Carola als gestrenge Oberpolizistin schon keine Informationen rausrückte, dann musste sie es auf eigene Faust versuchen. Immerhin war sie lange genug am Tatort gewesen, um zu erfahren, dass es sich beim Ermordeten um den Bruder der Geschäftsführerin handelte. Warum nicht diese Quelle anzapfen? Sie griff nach ihrer Tasche. Sie wollte Laelia Reiter lieber nicht anrufen. Sicher war die Ärmste von den tragischen Ereignissen heute Morgen noch völlig durch den Wind. Aber wenn Saskia Glück hatte, war die Ladeninhaberin vielleicht noch im Geschäft. Also nichts wie hin! Sie winkte Odette zu und stürmte hinaus.

Sie hatte leider kein Glück. An der Eingangstür prangte ein Schild. »Wegen Todesfall bis auf Weiteres geschlossen.« Mist! Aber vielleicht hatte Laelia Reiter die Mitteilung erst vor ein paar Minuten angebracht und war noch im Laden. Leider konnte man an der Tür nicht erkennen, ob innen ein Schlüssel steckte. Saskia presste die Nase an die Frontscheibe der Auslage und legte die Hände an den Kopf. So sehr sie auch spähte und die Position änderte, im Inneren war keine Bewegung auszumachen.

Vielleicht doch anrufen?

»Na Süße, wolltest du dir noch schnell einen Dildo für eine heiße Nacht besorgen?« Sie wirbelte herum. Vor ihr stand ein etwa 50-jähriger Mann, klein, untersetzt. Mit Glupschaugen und Halbglatze. »Wie wäre es, wenn du meinen Vibrator ausprobierst? Allerbeste Handarbeit. Volle Naturkraft.« Wenn du noch einen Schritt näher kommst, dann brauchst du als Weihnachtsgeschenk eine Krücke und ein Unterleibskorsett. Saskia hatte die geifernde Anmache mancher hirnamputierter Geiltrottel bis obenhin satt. Aber laut sagte sie: »Guten Tag. Ich recherchiere für eine Serie ausgefallener Weihnachtspräsente.« Sie riss ihr Digitalaufnahmegerät aus der Tasche und hielt es ihm unter die Nase. »Hätten Sie gerne einen dreifach gedrechselten Penisring mit aktivierter Schubumkehr unter dem Christbaum, oder würde sich Ihre Prostata über einen High Tech Stimulator mit Thermoschutz freuen?« Er war völlig verdattert über ihren Frontalangriff.

»Äh, ich weiß nicht … äh …«

»Wussten Sie, dass es schon Carbon-Hodenringe im Formel 1 Look gibt? Stehen Ihre Eier mehr auf Ferrari oder Honda?«

»Äh … also …« Dem Glupschäugigen klappte die

Kinnlade nach unten. Er machte auf der Stelle kehrt und hastete die Straße hinunter. An der nächsten Gasse verschwand er aus Saskias Gesichtsfeld.

»Idiot!«, schrie sie ihm hinterher. »Als der Liebe Gott das Hirn verteilte, warst du wohl noch mit Flöhezählen beschäftigt!« Sie drehte sich wieder um und warf noch einen letzten Blick ins Innere des Geschäfts. Nichts. Nur nicht entmutigen lassen. Denk nach, Saskia, benutz deinen Grips. In ihrem Kopf arbeitete es, während sie zurück zur Busstation trottete. Sie kam an einem grauen Gebäude mit bunt verzierten Fenstern vorbei, aus dem sie schon vorhin aufgewecktes Geschrei vernommen hatte. Ein Kindergarten. Aus einer Seitengasse tauchten zwei Gestalten auf, die zielstrebig auf das graue Gebäude zusteuerten. Ein Mann mit weißem Bart, in einem Nikolausumhang. Neben ihm trippelte ein etwa zehnjähriges Mädchen. Es hatte einen dicken gelben Anorak an und hielt Engelsflügerln zum Umschnallen in der Hand. Na, da werden die Kleinen im Kindergarten aber gleich riesige Augen machen, wenn sie der Nikolaus mit himmlischer Begleitung besucht. Und ihre aufgeregten Kinderstimmen werden singen:

Nikolaus, du braver Mann,
ich sing dir ein Lied, so gut ich kann

Saskia winkte den beiden freundlich zu und eilte weiter. Die Busstation lag nur mehr wenige 100 Meter entfernt. Plötzlich hielt sie inne, als stünde sie vor einer unsichtbaren Wand. Sie klatschte sich mit der flachen

Hand gegen die Stirn. *Nikolaus und Engel*. Der Heilige Nikolaus ist bei seinen Besuchen ja selten allein, sondern meist in Begleitung.

Der heute Morgen als Leiche aufgefundene Dominik Reiter war ja kein Erotik-Kunde mit besonders ausgefallenen Wünschen – Sex im Bischofsoutfit und mit Krummstab – wie sie anfangs gemutmaßt hatte. Der war tatsächlich als Gaben bringender Nikolaus unterwegs gewesen. Und das vielleicht nicht ganz alleine. Es gab sicher eine zentrale Stelle, die solche Besuche vermittelte. Sie musste nur recherchieren, um mehr über mögliche Begleiter zu erfahren. Im Laufschritt erreichte sie den eben zur Haltestelle heranfahrenden Bus. Sie setzte sich in die letzte Reihe und öffnete auf ihrem iPad die Internetsuchprogramme.

»Die Schwester können wir ausschließen, Carola.« Otmar Braunberger saß mit den anderen ermittelnden Kollegen am Besprechungstisch und blätterte in seinem alten abgegriffenen Notizbuch. »Das angegebene Alibi passt. Frau Reiter hat Glück, dass die Freundin den Video-Chat mitgeschnitten hat. Macht sie immer. Sie hat mir die Aufzeichnung geschickt. Timecode und Hintergrund passen. Eindeutig von zu Hause aus geführt. Danach muss Laelia Reiter umgehend in die Disco gefahren sein. Wir haben die Ankunftszeit überprüft. Die machen dort von jedem Disco-Besucher einen Welcome-Shot direkt beim Eintreffen. Frau Reiter hat sich zwar gestern im aufreizenden Teufelinnen-Outfit mit starker Schminke präsentiert. Aber sie ist eindeutig zu erkennen.«

»Dann können wir die Schwester als Tatverdächtige also vorerst abhaken. Worüber haben sich Laelia Reiter und ihre Freundin gestern unterhalten?«

»Nichts Besonderes. Über die letzte Folge der ›Vorstadtweiber‹. Über ein neues Parfum. Die Freundin hat von den Bettqualitäten ihres neuen Lovers geschwärmt. Und beide haben beschlossen, bald gemeinsam eine Innenstadt-Boutique aufzusuchen, die kürzlich eröffnet wurde. Worüber Frauen sich halt so unterhalten, wenn wir Männer nicht dabei sind.«

Der Chefinspektorin entwich ein verständnisvolles Lächeln, das das Leid aller Männer ob der Ratlosigkeit im Umgang mit Frauen mit einschloss. Dann wandte sie sich Thomas Brunner zu. Der Chef der Spurensicherung fasste den aktuellen Ermittlungsstand zusammen.

»Meine Leute haben die Wohnung von Dominik Reiter auseinander genommen.

Beim ersten groben Überblick ist uns nichts aufgefallen, das uns weiterhelfen könnte.

Wir müssen abwarten, ob die detaillierte Auswertung der Spuren etwas ergibt. Laut Aussage der Schwester hat Dominik als Web-Designer meist von zu Hause aus gearbeitet. Leider kennt sie das Passwort für den Computer nicht. Aber das werden unsere Spezialisten hoffentlich bald geknackt haben.«

Daran hegte die Ermittlungsleiterin keinen Zweifel.

Dieses Mal war Saskia das Glück hold. Sie hatte bald die Agentur ausgemacht, die nicht nur die gesamte Öffentlichkeitsarbeit der Erzdiözese koordinierte, sondern auch Nikolausauftritte innerhalb der Stadt vermittelte.

Saskia stellte sich am Telefon als Junior Marketing Assistentin einer Salzburger Firma vor, die in drei Tagen ihre alljährliche Weihnachtsfeier abhielt. Leiderleiderleider sei dem Chef die Idee erst so spät gekommen. Aber so sind Chefs halt nun einmal, hatte sie geflötet, er wisse das sicher aus eigener Erfahrung. Der Agenturmitarbeiter mit der jugendlichen Stimme lachte und gab ihr seufzend Recht. Und nun wollte der Chef unbedingt einen Nikolaus bei der Firmenfeier. Von ihrer allerallerallerbesten Freundin habe sie erfahren, dass ein Herr Dominik Reiter bei der Weihnachtsfeier ihrer Firma im vergangenen Jahr die Nikolaus-Rolle so wunderbar ausgefüllt hatte, dass sie ihn nur aufs allerallerallerwärmste weiter empfehlen könne. Es war plötzlich ein paar Sekunden still gewesen in der Leitung. Saskia hatte sich auf die Lippen gebissen. Verdammt, habe ich zu dick aufgetragen? Doch nach einem kurzen Räuspern hatte sich der Agenturmitarbeiter wieder im Griff. Er müsse ihr leider mitteilen, seine Stimme klang belegt, dass Herr Reiter bedauerlicherweise einen Unfall gehabt hätte, und bis auf Weiteres nicht zur Verfügung stehe. Bis auf weiteres ist gut, hatte Saskia gedacht, sich aber nicht von ihrem Vorhaben abbringen lassen, nach den Begleitern zu forschen. Ihre Freundin habe ihr auch erzählt, hatte sie geflötet und ihrer Stimme ein gurrendes Timbre verliehen, dass Herr Reiter bei seinem Auftritt im Vorjahr nicht alleine war. Und auch von dieser Begleitung sei die gesamte weihnachtsfeiernde Belegschaft entzückt gewesen. Dieses Mal antwortete er schnell. Ah, sie meine ganz sicher Herrn Sextner und Frau Mauthahn. Aber die beiden stünden nun leider auch nicht zur

Verfügung. Peng! Macht nichts. Hauptsache, sie hatte die Namen. Aber er könnte ihr gerne ein anderes Team empfehlen, fügte er hilfsbereit hinzu. Sie bedankte sich überschwänglich, aber sie wollte in diesem Fall doch erst Rücksprache mit dem Chef halten und sich danach wieder melden.

Herr Sextner und *Frau* Mauthahn. Männlich und weiblich. Das klang nach Krampus und Engel. Sextner und Mauthahn waren keine alltäglichen Namen wie Maier und Huber. Die mussten doch zu finden sein. Wieder hackten ihre Finger auf die Tastatur des Tablets. Nach einer halben Stunde war sie fündig geworden. *Sextner* hatte sich als Sackgasse erwiesen. Aber bei *Mauthahn* stieß sie schlussendlich auf *Rebecca Mauthahn, Familienberatungsstelle Erzdiözese*. Na, dann nichts wie hin!

Gott sei Dank hatte sie vom »Salzach Figaro« eine Redaktionsbescheinigung mit ihrem Foto bekommen. Das war zwar kein offizieller Presseausweis, aber es reichte. Der Pförtner ließ sie rein. Dritter Stock, Zimmer 311. »Familienberatung/Koordination« stand auf dem Türschild. Und darunter »Rebecca Mauthahn«. Sie schätzte die Frau hinter dem Schreibtisch auf etwas jünger als sie selbst, also knapp 20. Nur ein Hauch von Lippenstift, die Bluse züchtig hochgeschlossen, aber die wallende Naturlockenmähne war durch kein Band gezähmt und ergoss sich über die schmalen Schultern.

»Hallo, schön, dass Sie Zeit für mich haben.« Sie stellte sich als Redakteurin vor, die einen Artikel über Personen schrieb, die zur Weihnachtszeit in besondere Rollen schlüpften. Hirtendarsteller, Turmbläser, Dreikönigs-Reiter und eben auch Nikolaus und Engerl. Von der Vermittlungsagentur habe sie ihren Namen bekommen. »Ich hoffe, Sie sind bereit, mir ein paar kurze Fragen zu beantworten.« Rebecca Mauthahn zögerte erst. Dann nickte sie freundlich. Der Augenaufschlag erinnerte Saskia an Prinzessin Twilight Sparkle. Nur dass die Frau, der sie gegenübersaß, blondes Haar hatte und kein Horn auf der Stirn trug. Sie fragte die Erzdiözesen-Bürokraft, warum sie in die Rolle als Engel und Nikolausbegleiterin schlüpfte. Ob es damit zusammenhing, dass sie in einer kirchlichen Einrichtung beschäftigt sei. Nein, war die Antwort, das sei nur ein Zufall. Sie machte gerne anderen Freude, besonders Kindern. Dann ersuchte Saskia die junge Frau, ein paar Eindrücke von solchen Begegnungen zu schildern. Vielleicht gleich von ihren gestrigen Auftritten. Saskia wurde schnell klar, dass ihr Gegenüber offenbar noch nicht vom Tod ihres Kollegen erfahren hatte. Welch wunderbare Fügung. Da konnte sie geschickt, aber ungeniert, ein paar Fragen zu Dominik Reiter einflechten. Wie sei denn die Zusammenarbeit mit dem Nikolausdarsteller, wollte sie wissen? Sehr gut. Sie sei gerne mit Dominik unterwegs. Die Agentur hätte sie vor drei Jahren für einen Auftritt zusammengespannt, und das sei so geblieben.

»Sie als Engel müssen durch Ihre Ausstrahlung eine himmlische Erscheinung darstellen. Was Ihnen auch sicher gut gelingt, wenn ich Sie so anschaue. Aber was macht einen guten Nikolaus aus? Welche Qualitäten bringt Herr Reiter aus Ihrer Sicht für diese Rolle mit?«

Prinzessin Twilights Augen begannen zu funkeln. Gleichzeitig schlich sich ein Hauch von Tomate auf die

Wangen der Frau. He, ist die verknallt in ihn? Doch Saskia kam nicht dazu, der Frage weiter nachzuhängen, denn nun sprudelte es förmlich aus der jungen Frau heraus. Nicht nur sie, sondern auch alle anderen, die sie kannte, würden bestätigen, dass Dominik ein außergewöhnlich netter Mensch sei. Immer freundlich, immer höflich, stets hilfsbereit. Jemand, dem es ein wahres Vergnügen ist, anderen Freude zu bereiten. Und die Kinder liebten ihn, wenn er vor ihnen stand und aus seinem goldenen Buch vorlas. Sie müsste nur einmal die strahlenden Augen der Kleinen sehen, dann würde sie auf der Stelle nachempfinden, was sie meinte. Aber Saskia hatte keine Gelegenheit mehr, sich die Szene mit dem megafreundlichen Nikolaus auszumalen, denn es klopfte an der Tür. Eine ältere Dame mit schmaler Brille steckte ihren Dauerwellenkopf herein. In ihrem Gesicht lag eine Spur von Verwunderung.

»Rebecca, die Polizei möchte dich sprechen.« Dann wurde die Tür ganz geöffnet.

Auch das noch! Saskia schluckte. Im Eingang stand Otmar Braunberger in Begleitung eines Kollegen. Falls der Abteilungsinspektor ebenfalls erstaunt über das unerwartete Zusammentreffen war, ließ er es sich nicht anmerken.

»Tja, da möchte ich dann nicht länger stören.« Saskia drückte auf die Stopp-Taste des Aufnahmegeräts und räumte ihre Sachen ein. »Vielen Dank, Frau Mauthahn, für das interessante Interview. Ich lasse Sie dann wissen, wann die Serie erscheint.«

Beim Hinausrauschen blinzelte ihr Otmar Braunberger zu. Sein Blick war durchaus anerkennend.

»Tot?« Die weit aufgerissenen Augen der jungen Frau starrten ungläubig auf die beiden Beamten.

»Aber wir haben gestern noch … ich meine, wir sind …« Dann brach ihre Stimme und Rebecca Mauthahns große dunklen Augen füllten sich langsam mit Wasser. Es dauerte eine Weile, bis sie imstande war, die Fragen der Polizisten zu beantworten. Sie berichtete von ihren gestrigen Einsätzen, von den Besuchen bei vier Familien und zwei Firmenweihnachtsfeiern. Sie nannte Adressen und Zeiten.

»Und nach dem letzten Auftritt?«

»Bin ich nach Hause gefahren. Und Niklas hat Dominik im Auto mitgenommen.«

Bei der Erinnerung daran kamen ihr wieder die Tränen.

»Wie ist Herr Reiter zur ersten Auftrittsadresse gekommen?«

»Mit dem Taxi.«

Die beiden Beamten machten sich entsprechende Notizen. Dann wollten sie noch wissen, ob bei den gestrigen Einsätzen etwas Besonderes vorgefallen sei. Ob es in letzter Zeit Unstimmigkeiten innerhalb ihres Teams gegeben hätte. Ob sich Rebecca Mauthahn vorstellen könnte, wer Dominik Reiter ans Leben wollte. Sie beantwortete jede Frage mit einem Kopfschütteln. Bei Braunbergers Frage nach ihrem Verhältnis zum Nikolauskollegen zögerte sie kurz. »Das war ganz normal.« Sie suchte offenbar nach der richtigen Formulierung. »Wir haben uns bei unseren Einsätzen einfach gut verstanden. Ein eingespieltes Team.«

»Gab es darüber hinaus auch private Kontakte?«

Das Schütteln ihrer ungebändigten Haarmähne kam schnell.

»Nein, Privates gab es nicht zwischen uns.«

Die beiden Polizisten erhoben sich. Den seltsamen Ausdruck in ihren großen Augen bei der Verabschiedung konnte der Abteilungsleiter nicht ganz deuten. Trauer las er darin. Aber noch etwas anderes. Angst? Gut möglich. Wenn ja, wovor?

»Was hat sie?« In der Frage der Chefinspektorin lag mehr Verblüffung als Ärger.

»Sag das noch einmal!«

Otmar Braunberger grinste. »Sie hat den Namen des Engels herausbekommen und war vor uns dort! Da kann ich nur sagen: alle Achtung!«

Carola Salmann schüttelte langsam den Kopf. Sie kämpfte damit, ob sie ihrem Groll über Saskias Einmischung in die Ermittlung nachgeben sollte, oder dem Gefühl von Respekt vor dem geschickten Vorgehen der jungen Frau. Schließlich siegte der Stolz der Tante auf die journalistische gute Arbeit ihrer Nichte. Die ließ sich tatsächlich nicht von ihrem Vorhaben abhalten, auf eigene Faust zu recherchieren.

»Gut, Otmar. Was ergibt sich bisher für ein Bild über die Vorgänge gestern Abend?«

»Ein Taxi hat Dominik Reiter um 18 Uhr abgeholt. Der Taxifahrer konnte sich sofort an seinen Fahrgast erinnern. Der Heilige Nikolaus mit Rauschebart und Bischofsstab vor einem Sexshop, so etwas merkt man sich. Wir haben die Familien und die beiden Firmen kontaktiert. Alle Angaben von Rebecca Mauthahn über

Zeiten und Abläufe stimmen. Die Beteiligten sind sich ferner einig, es habe gestern keine ungewöhnlichen Vorfälle gegeben.«

»Und der Krampus?«

»Ist von Beruf Baggerfahrer und seit sechs Uhr auf einer Baustelle im Pinzgau. Das hieß für Niklas Sextner: Tagwache um vier Uhr früh. Ich habe den Mann telefonisch erreicht. Laut seiner Aussage ließ er nach dem gestrigen Einsatz seinen Nikolauskollegen gegen halb elf vor dem Erotikshop aussteigen. Er selber fuhr dann sofort nach Hause.«

»Gibt es Zeugen dafür?«

Braunberger schmunzelte. »Ja, gibt es. Eine alte Frau hat die Szene beobachtet und Sextners Angaben bestätigt. Auch sie war erstaunt, dass ein Mann im Bischofsornat vor einem Sexshop aus einem Auto steigt.«

Die Chefinspektorin konnte sich die Verwunderung vorstellen.

»Was macht eine alte Frau so spät noch auf der Straße? Die Gegend ist nicht sehr einladend für einen Spaziergang in der Nacht.«

»Sie suchte ihre Katze. Leider vergeblich.«

»Was machte Sextner, als er nach Hause kam?«

»Er hat sich umgezogen. Er wollte noch fortgehen, suchte ein Lokal auf.«

Obwohl er um vier Uhr aufstehen musste, ist er noch um die Häuser gezogen? Die Chefinspektorin schüttelte den Kopf. Diese jungen Leute!

»In welchem Lokal war er? Im selben wie Laelia Reiter?«

»Nein. Falls es eine Verbindung zwischen den beiden gibt, der gestrige Lokalbesuch gehört nicht dazu. Frau Reiter war im ›Hot El Dorado‹, 70 Kilometer außerhalb von Salzburg, an der oberösterreichischen Grenze. Herr Sextner wählte das ›Blue Side One‹ im Stadtteil Lehen.«

»Blue Side One? Kenne ich nicht, muss neu sein. Ist es dir ein Begriff?«

Braunberger verneinte.

»Wann kommt unser Baggerfahrer zurück?«

»Heute Abend.«

In der offenen Bürotür erschien die sportliche Figur von Thomas Brunner.

»Computer geknackt?«, fragte die Chefinspektorin den Leiter der Spurensicherung.

»Leider nein. Aber wir haben uns Dominik Reiters Handy angesehen.« Er nahm Platz und wischte über den Bildschirm seines Tablets. »Wir haben die SMS und Whatsapp Nachrichten der vergangenen vier Wochen gecheckt. Auch die gelöschten. Dabei sind wir auf das gestoßen.«

Er vergrößerte einen Ausschnitt des Bildschirms und hielt den beiden das Tablet hin.

»Olala!«, bemerkte Carola Salmann. »Das klingt aber sehr anzüglich. Mit allen erotischen Details. Wer ist die Absenderin?«

»Rebecca Mauthahn.«

»Der Engel?« Der Ausruf entfuhr dem Abteilungsinspektor. »Die liebe, unscheinbare Rebecca? Offenbar ein lüsterner Cherub. Das hätte ich ihr gar nicht zugetraut.« Er erinnerte sich an den Gesichtsausdruck bei der Verabschiedung. Er warf noch einmal einen Blick auf das

Tablet mit der SMS-Nachricht. Hatte sie davor Angst? Dass die Polizei auf dieses intime Geständnis stößt?

»Wir werden sie danach fragen.« Er stand auf und griff nach seinem Sakko.

Zuerst wurde sie rot bis in die Haarwurzeln, dann kreidebleich. Braunberger erwartete jeden Moment, dass ihr die Tränen in die großen Kulleraugen schossen. Aber sie rang nur nach Luft. Mit einer fahrigen Bewegung öffnete die Erzdiözese-Mitarbeiterin den obersten Knopf ihrer Bluse. Sie hielt inne. Als sie sich ihrer Handlung bewusst wurde, schloss sie ihn rasch wieder.

»Frau Mauthahn, der Inhalt der Nachricht, die wir gefunden haben, widerspricht doch ein wenig Ihrer heutigen Aussage.«

Er blätterte in seinem Notizbuch, um ihr die Passage vorzulesen.

Nein, Privates gab es nicht zwischen uns. Er klappte das Buch wieder zu. »Sie haben diese Nachricht vor drei Wochen an Dominik Reiter geschickt. Sie schrieben, wie sehr Sie sich freuten, ihm bald wieder ganz nah zu sein. Und wir ersparen uns die Details vom offenen Himmelstor, in das sie ihn einlassen würden, von den gespreizten Engelsflügeln und all den anderen reizvollen Angeboten. Und sein mächtiger Stab, von dem Sie schwärmen, wird ja wohl auch nicht der bischöfliche Krummstab des Heiligen Nikolaus sein. Oder?«

Sie griff nach einem Papiertaschentuch auf dem Schreibtisch, drehte es nervös in den Fingern. Sie begann, kleine Fetzen herunterzureißen. Ihre Augen huschten immer wieder angstvoll zur Tür, als erwartete sie, dass plötzlich der Erzbischof höchstpersönlich auf der Schwelle stand. Allmählich füllten sich ihre runden Augen doch mit Wasser. Die ersten Tropfen rannen über die Wangen. Sie holte tief Luft und begann zu erzählen. Leise. Unterbrochen von kurzen Pausen.

Ja, sie hätte ihn attraktiv gefunden. Schon bei ihrer ersten Begegnung. Aber sie hätte nie etwas gesagt, nicht einmal eine Andeutung. Und da wäre auch nie etwas vorgefallen. Ganz bestimmt nicht. Sie konnte sich selbst nicht erklären, welcher Teufel sie vor drei Wochen geritten hatte. Eine Freundin sei bei ihr gewesen. Zu Besuch. Sie hätten getrunken. Viel getrunken. Sehr viel. Sie vertrage ohnehin kaum Alkohol. Die Freundin sei dann auf der Couch eingeschlafen. Und plötzlich hatte sie das Smartphone in den Händen. Und ihre Finger wären wie von selber über die Tasten gehuscht. Und dann hatte sie auf »Senden« gedrückt. Ein kurzer Schluchzer unterbrach ihren Redefluss. Sie hob den Rest des zerknüllten Taschentuchs und schnäuzte sich. Dann sprach sie weiter. Ihre Stimme gewann ein wenig an Energie. Sie hätte ihn sofort am nächsten Morgen angerufen. Es war ihr peinlich. Am liebsten wäre sie in den Boden versunken. Sie habe sich 100 Mal entschuldigt. Aber Dominik hätte die Angelegenheit ganz gelassen hingenommen. Er war einfach wunderbar.

»Und er hat mir felsenfest versprochen, die SMS zu löschen!« Nun konnte sie das Weinen nicht mehr zurückhalten. Sie überkreuzte die Arme auf der Tischplatte, legte den Kopf darauf und heulte.

Der gute Dominik hat ja sein Versprechen gehalten, dachte Braunberger. Die Nachricht war am Handy gelöscht. Aber in den elektronischen Clouds verschwinden halt die Dinge nicht so einfach.

»Hat er Sie jemals wieder darauf angesprochen?«

Sie hörte nicht auf zu weinen, schüttelte aber deutlich wahrnehmbar den Kopf.

Der Abteilungsinspektor war sich nicht sicher, ob er ihr glauben sollte. Vielleicht hatte Dominik Reiter sie doch erpresst. Es wäre ihr gewiss mehr als peinlich gewesen, wenn jemand diese anzügliche Nachricht publik gemacht hätte. Noch dazu, wo ihr Arbeitgeber die Kirche war. Ausgerechnet die Mitarbeiterin der Familienberatung in der katholischen Erzdiözese verschickte lüsterne Nachrichten mit pornografischen Inhalten. Das machte sich gar nicht gut. Vielleicht war die Engelsdarstellerin gestern doch nicht nach Hause gefahren. Wenn Reiter ihr zugesetzt hatte, war es durchaus möglich, dass Rebecca ihm gestern Abend zum Erotikladen gefolgt war.

»Was werden Sie jetzt machen?« Sie hob ihr verheultes Gesicht. Aus den geröteten Augen flackerte die Angst.

»Ich hoffe, das Richtige.« Braunberger erhob sich und ging langsam zur Tür.

Der Abteilungsinspektor berichtete der Chefinspektorin von seinem Gespräch mit dem gefallenen Engel.

»Wie ist deine Einschätzung, Otmar?«

Er zuckte mit den Schultern. »Dass Dominik Reiter sie vielleicht erpresste, ist nicht ganz auszuschließen. Andererseits hatte er die Nachricht am Handy gelöscht. Aber er konnte leicht eine Kopie anfertigen und sie auf seinem Computer speichern.«

»In jedem Fall hat der sehnsuchtsgebeutelte Engel für die Tatzeit kein Alibi.«

Es klopfte. Wie eine Schneewolke, die der Wind vor sich hertrieb, stob Saskia ins Zimmer und ließ sich, ohne zu fragen, auf einen Stuhl fallen.

»Hi, ihr beiden.«

Braunberger legte den Kopf schief.

»Wo bleibt mein Kuss?«

Sie lachte. »Wo bleibt meine Information?«

Dann stand sie auf und drückte ihm einen Schmatz auf die Stirn.

»Du hast doch nicht ernsthaft angenommen, Otmar, ich würde davon ausgehen, dich bezirzen zu können, ohne dass du merkst, woher das Lüftchen weht.«

Sie setzte sich wieder hin. »Was ist mit Prinzessin Twilight Sparkle?« Braunberger hatte keine Ahnung, von wem sie sprach. Auch Carola musste passen. Saskia legte die Stirn in Falten.

»Na die Kirchenreferats-Tante mit den großen Kulleraugen. Erinnert mich stark an die Comic Figur. Kennt ihr die nicht? Twilight Sparkle, Applejack, Rainboe Dash, Babydrache Spike? Aus der Serie ›My Little Pony- Freundschaft ist Magie.‹ Was seid ihr nur für Grufties? So was weiß man doch. Die animierten Spielzeugponys haben alle Kulleraugen.«

Die beiden Kriminalpolizisten sahen einander an, als hörten sie einen Bericht über Marsbewohner.

»Wir sind uns nicht sicher, was die Engeldarstellerin betrifft. Aber wir verraten dir etwas, was du ohnehin bei deinem Besuch heute selbst herausfinden konntest, falls du nachgefragt hast. Rebecca Mauthahn hat kein Alibi.«

»Wo war sie zur Tatzeit?«

»Im Bett.« Die angehende Top-Journalistin grinste. »Wenn sie in neun Monaten entbindet, war vielleicht der Heilige Geist bei ihr. Dann hätte sie ein überzeugendes Alibi.«

Ihre Tante grinste zurück. »So lange können wir nicht warten.«

Saskia wurde wieder ernst. »Bitte gebt mir irgend etwas für meine Chefredakteurin. Wenigstens ein kleines Fuzerl aus euren Ermittlungsunterlagen.«

Wieder sahen die beiden Polizisten einander an. Braunberger gab sich einen Ruck.

»Also gut, auch das könntest du selber herausgefunden haben, nachdem du offenbar schon Kontakt zur Agentur hattest.«

In Saskias Gesicht leuchtete es auf.

»Dominik Reiter war gestern nicht nur in Begleitung eines Engels, sondern auch eines Krampus.«

Das Strahlen erlosch jäh. War das alles, was ihr Kollege Braunberger mitteilen wollte?

»Aber Otmar, das weiß ich doch längst. Ein Herr namens Sextner steckte im Krampuskostüm. Nur der Vorname fehlt mir.«

»Niklas.«

»Niklas?« Wollte er sie auf den Arm nehmen? »Der Krampus heißt Nikolaus?« Sie konnte sich ein Kichern nicht verkneifen.

Ihre Tante verlor allmählich die Geduld. »Darüber haben wir auch schon gelacht. Wir sagen dir jetzt noch, dass Sextner von Beruf Baggerfahrer ist. Das muss vorerst genügen. Mach eine herzbewegende Geschichte daraus. Baggerfahrer als Krampus beweint toten Nikolaus, oder was auch immer. Das lieben die Leser des ›Salzach Figaro‹.«

Sie ließ sich noch nicht abspeisen. »Alibi?«

»Müssen wir erst überprüfen.«

»Was gibt er an?«

»Saskia, es reicht. Das sind ermittlungsinterne Details.«

Was war schon groß daran, zu erfahren, wo sich Sextner gestern aufgehalten hatte? »Ich könnte ihn auch anrufen und selbst fragen.«

Diesen Einwand ließ zumindest der Abteilungsinspektor gelten.

»Also gut, aber dann ist endgültig Schluss, junge Dame. Niklas Sextner war gestern laut eigener Aussage in einem Lokal namens ›Blue Side One‹.«

Den Namen hatte sie noch nie gehört. Woher auch. Sie lebte in Graz und war erst seit zwei Wochen in Salzburg wegen dem Praktikum. Sie wohnte bei ihrer Tante. Gut, sie war schon früher auf Besuch in der Stadt gewesen, aber deswegen konnte man nicht alle Lokale kennen. »Was ist das für ein Schuppen?«

»Wissen wir nicht. Scheint neu zu sein. Sperrt erst abends auf.« Er blickte auf die Uhr. »In drei Stunden. Die Homepage gibt nicht viel an Informationen her.«

»Wo war der Baggerfahrer?« Die Chefredakteurin schaute ungläubig. Ihre Augen funkelten belustigt. Saskia wiederholte es.

»Im ›Blue Side One‹. Sperrt erst abends auf. Ich will mich da heute umsehen.«

Das verschmitzte Lächeln in Tara Tomanskis Miene wurde stärker.

»Da werden sie dich nicht hineinlassen, Mädel.«

Die Praktikantin schaute irritiert. »Warum nicht? Ich bin über 21.«

»Das zählt nicht, meine Liebe. Dir fehlt eindeutig eine Kleinigkeit zwischen den Beinen.«

Sie verstand nicht. Wovon redete ihre Chefin? Stand sie komplett auf der Leitung?

»Das ›Blue Side One‹ ist ein Schwulenlokal. Vor einer Woche eröffnet. Viel Glück bei deinem Besuch.«

Na und ob sie da hin wollte! Am liebsten auf der Stelle. Ein Baggerfahrer, der abends in ein zotteliges Teufelskostüm schlüpft und nachts in Schwulenlokalen abhängt, das ergab doch eine tolle Geschichte. Doch sie musste die Fakten erst selbst überprüfen. Vorher würde sie dazu nichts veröffentlichen. Sie war in der Lage, auch so für die morgige Ausgabe mehr zu liefern als die Konkurrenz. Immerhin hatte Prinzessin Twilight heute ein wahres Loblied über den lauteren Dominik gesungen. Mit ein bisschen Fantasie ließ sich daraus schon einiges machen. Der Tote – ein außergewöhnlicher Mensch, den alle mochten. Ein Mann, der wahre Freude dabei hatte, anderen Freude zu bereiten. Den nicht nur die Kinder liebten, wenn er als Nikolaus mit goldenem Buch vor ihnen stand, sondern auch die Erwachsenen. Ein hilfsbereiter Menschenfreund, der sich auch nicht zu schade dafür war, seine Schwester bei deren Arbeit zu unterstützen, wenn sie ihn brauchte: als Aushilfskraft im Erotikshop. Ein wunderbarer Kollege, um den jetzt seine Partner trauerten: Rebecca Mauthahn, die man nur als hingebungsvolle junge Frau beschreiben konnte, der eine verantwortungsvolle Stelle in der kirchlichen Familienberatung anvertraut war. Und Niklas Sextner, krampustreuer Begleiter am Abend, unermüdlicher Baggerlenker bei großen Bauvorhaben am Tag. Sie würde versuchen, über die Agentur Sextners Telefonnummer herauszubekommen. Vielleicht konnte ihr der Bauarbeiter heute noch ein Handyfoto zukommen lassen. Breitschultriger Krampusdarsteller vor der Baggerschaufel. Sie kannte von ihrem Gespräch mit Rebecca Mauthahn auch die Namen der Betriebe, auf deren Weihnachtsfeiern das Trio gestern aufgetreten war. Sie eruierte die Kontaktnummer einer der Firmen im Web, und bat den Marketingchef um einige Aufnahmen des gestrigen Nikolausauftritts. Der war hocherfreut über den Anruf einer Presseredakteurin und stimmte sofort zu, vorausgesetzt, der Name des Unternehmens würde ausdrücklich erwähnt.

Dass das »Blue Side One« vorwiegend eine Adresse für homosexuelle Männer war, auf diese Tatsache stieß die Polizei noch vor der abendlichen Öffnung des Lokals. Braunberger schickte einen Kollegen mit einem Bild von Niklas Sextner hin. Die Kellner bestätigten den Besuch. Der Mann auf dem Bild sei gestern da gewesen. Ab circa 23 Uhr. Gegen halb zwei habe er seine Zeche bezahlt und sich verabschiedet.

Es war saukalt. Die Digitalanzeige für die Außentemperatur am Armaturenbrett des Polizeiwagens hatte minus zwölf Grad angezeigt. Otmar Braunberger drückte auf den Klingelknopf neben dem Namenszug *Niklas Sextner.*

Der Baggerfahrer, vor zehn Minuten aus dem Pinzgau zurückgekommen, ließ ihn ein. Der Polizeibeamte fühlte sich wie im Vorhof der Hölle. Zwei riesige Teufelsmasken mit wuchtigen Hörnern empfingen ihn an der Wand der Diele. Und auch im Wohnzimmer grinsten Furcht einflößende geschnitzte Larven aus allen Ecken. Dazwischen waren Fotos von Krampusumzügen zu sehen und ein großes Poster aus dem vergangenen Jahr, das einen Lauf der »Juvavia Pass« ankündigte. Der junge Mann mit den breiten Schultern und dem brünetten Kurzhaarschnitt wirkte müde. Seine hohlen Augen ähnelten jenen der Fratzen an den Wänden der Wohnung.

Kein Wunder, dachte der Abteilungsinspektor. Bis halb zwei unterwegs, heute um vier Uhr auf. Der Oberpinzgau liegt auch nicht gerade um die Ecke. Hin und zurück mindestens drei Stunden Fahrzeit. Dazwischen zwölf Stunden im Baggereinsatz. Da darf man schon geschlaucht sein.

»Möchten Sie etwas trinken?« Braunberger hatte Lust auf ein Bier. Aber er war im Dienst.

»Nein danke.«

Der Polizist setzte sich auf die Couch. Natürlich aus Leder. Dunkelrot. Passte zur höllischen Umgebung.

»Herr Sextner, könnte es sein, dass Sie Ihren Nikolaus etwas früher ins Jenseits befördert haben, als im himmlischen Stundenbuch vorgesehen?«

Der junge Mann schaute ihn irritiert an. »Warum sollte ich?«

»Sie waren gestern im ›Blue Side One‹. Das ist ein Schwulenlokal.«

»Na und? Haben Sie Vorurteile?«

»Ich nicht, aber die katholische Kirche hat sie immer noch, so viel ich weiß. Vielleicht mag die Kirche nicht, wenn eine ihrer Agenturen einen Darsteller für einen Nikolausbegleiter engagiert, der schwul ist.«

In die müde in ihren Höhlen ruhenden Augen kam plötzlich Leben.

»Wo leben Sie, Mann? Im Mittelalter? Der Kirche ist das völlig egal, ob ich schwul bin oder nicht. Hauptsache, ich erledige meine Auftritte pünktlich.«

Braunberger war davon überzeugt, dass es garantiert nicht allen verantwortlichen Amtsträgern in der Kirche gleichgültig war, dass Homosexuelle für sie arbeiteten. Aber er ließ es vorerst dabei.

»Und was sagen die teuflischen Kollegen dazu? Sie sind doch Mitglied der ›Juvavia Pass‹. Ihre Krampusgruppe macht heute Abend Ramba Zamba in einem Szenelokal. Warum sind Sie da nicht dabei?«

Sein Gegenüber schnaubte unwirsch.

»Weil ich erst vor einer Viertelstunde aus dem Pinzgau kam, und morgen bereits um drei Uhr auf muss. Baustelle in der Steiermark. Fahrzeit über zwei Stunden.«

Der Abteilungsinspektor ließ sich den Namen und die Telefonnummer des Baustellenleiters geben. Für alle Fälle. Dann verabschiedete er sich. Ein wenig fühlte er sich wie der italienische Dichter Dante Alighieri, der in seiner »Divina Commedia« den Weg aus der tiefsten Hölle über das Fegefeuer in die Höhen des Paradieses findet. Nur dass in Braunbergers Fall das fratzenbestückte Inferno nicht unten lag, sondern oben im sechsten Stock eines Mietshauses, und er zum paradiesischen Elysium des Parkplatzes über viele Treppen hinabsteigen musste, weil der Fahrstuhl außer Betrieb war.

Er wollte noch einen Abstecher in den »Kernberger Stadl« machen, jenem Szene-Lokal, in dem die »Juvavia Pass« heute zum Krampus-Event lud. Als er ankam, war das Treiben offenbar schon voll im Gange, der Lärm dröhnender Rockbeats wummerte bis zum vollgestopften Parkplatz. Er zeigte seinen Dienstausweis und ergatterte einen Stehplatz gleich neben dem Eingang. Er war ohnehin nicht davon ausgegangen, dass im Ambiente des bekannten In-Lokals die zottelbepackten Kerle einfach brüllend herumliefen, mit ihren Glocken schepperten und den Ruten drohten, wie sie das bei traditionellen Krampusläufen in vielen Ortschaften zu tun pflegten. Aber eine derart spektakuläre satanische Show, wie sie ihm hier vorgeführt wurde, übertraf alle seine Erwartungen. Er kam sich vor, als hätte man ihn mitten in einen Fantasyfilm katapultiert. In dem riesigen Raum steckten Hunderte Besucher eng zusammengepfercht, vorwiegend junge Leute. Eine breite Treppe führte vom Stadlboden zur Galerie, die in drei Meter Höhe ringsum lief. Höllisches Feuer loderte am oberen Treppenende und flackerte auch an anderen Stellen des Stadls. Überall tummelten sich grausig anzuschauende Gestalten mit wilden Gesichtern, Fangzähnen, langen Zungen. Viele erinnerten eher an die Orks aus »Herr der Ringe« denn an traditionelle Larventräger aus dem alpinen Raum. Wirbelnde Overhead-Scheinwerfer ließen ihre zuckenden Lichtstrahlen über das Geschehen tanzen. Aus dem

Querbalken knapp unter dem Dach warfen sich eben zwei der zotteligen Fratzen hinunter in die von wilder Rockmusik aufgepeitschte Menge, wurden knapp über den Köpfen der kreischenden Zuschauer gestoppt und schwebten, an Seilen hängend, weiter durch die höllische Szenerie. Und dazu tobten Technobässe, begleitet vom Klatschen und hysterischen Geschrei der Zuschauer. Ein satanischer Vortänzer, der keine Gummilarve trug, sondern nur schwarze Schminke im Gesicht und zwei gekrümmte rote Hörner auf dem Kopf, sprang auf die kleine runde Bühne in der Mitte des Raums. Er riss seinen schwarzen Fellmantel auseinander, drehte sich im Kreis und zeigte zungezuckend der kreischenden Menge seinen durchtrainierten sonnenstudiogebräunten Oberkörper. Der Saal tobte. Eine junge Frau am Bühnenrand streifte ihr knallrotes T-Shirt ab. Sie zeigte dem Höllischen ihre nackten Brüste und versuchte, die Bühne zu erklimmen. In der nächsten Sekunde teilte sich die Menge hinter ihr. Zwei schwarzgekleidete Security-Leute tauchten auf und zerrten die Halbnackte zurück. Dann schloss sich die Menge wieder, und die Show ging weiter. Erst nach einer halben Stunde war Schluss.

Am Ende des Spektakels fühlte sich Otmar Braunberger völlig erledigt, als wäre er tatsächlich durch einen höllischen Hexenkessel getrieben worden. Er konnte verstehen, warum manche aus der Riege der Brauchtumsbewahrer vor solchen Spektakeln warnten wie der Teufel vor dem Hochamt. Diese Show hatte so gut wie gar nichts mehr mit traditioneller Überlieferung zu tun. Auch waren die aus Holz kunstvoll geschnitzten Krampusmasken in der Unterzahl. Es überwogen die bizarren Kunststofflarven, die jedem Horrorfilmausstatter zur Ehre gereicht hätten. Aber das Gezeigte war beeindruckend spektakulär, das musste auch Braunberger zugeben.

Er fing den Anführer der Truppe auf dem Weg zur Garderobe ab. Markus Zöggler hatte die schwere Larve abgenommen. Die Haare klebten dem Mann schweißnass am Kopf. Der Kripobeamte stellte seine Fragen. Der Teufelsanführer schaute ihn verwundert an.

»Ob es schwule Kramperln gibt? Warum interessiert die Polizei das?«

»Beantworten Sie einfach meine Frage.«

Er zuckte mit den fellbehangenen Schultern.

»Möglich.«

»Kennen Sie einen?«

Er wirkte verunsichert. »Nein.«

»Und wenn es so wäre?«

Die Miene in seinem schweißnassen Gesicht wurde immer ratloser. Was wollte der komische Polizeibeamte von ihm, fünf Minuten nach der kräfteraubenden Show?

»Wenn es Schwule unter den Krampusläufern gibt, dann ist es halt so. Ich sehe da kein Problem!«

»Das sagen die Fußballer auch immer. Seit Jahren. Kein Problem. Aber warum outet sich dort keiner?«

Wieder zuckte der schwitzende Mann mit den Fellschultern.

»Keine Ahnung. Das müssen Sie die Kicker fragen.«

Er verabschiedete den völlig ausgelaugten Höllischen und verließ das Lokal. Auf der Heimfahrt überlegte Braunberger, ob ihm der höllische Anführer tatsächlich die Wahrheit gesagt hatte. Das satanische Krampustreiben war eine Mischung aus zur Schau gestellter

Angstmacherei, erlebten Schrecken und verzerrter Erotik. Krampusläufer gaben sich als wilde Kerle. Zottelige Gestalten, die mit ihren Kuhschwänzen, Ketten und Ruten vor allem junge Frauen bedrängten. Höllische Machos eben. Durfte man da ungestraft schwul sein? Ohne von den anderen schief angeschaut oder offen geächtet zu werden? Der Polizist war sich nicht sicher.

Dennoch erschien ihm eine mögliche Bloßstellung von Homosexualität als Motiv für einen Mord zu schwach. Würde Niklas Sextner tatsächlich seinen Nikolauskumpel Dominik Reiter umbringen, nur weil der ihn möglicherweise als Gayboy unter den harten Zotteljungs outete?

Wohl eher nicht.

Der nächste Tag begann mit einer Erfolgsmeldung.

»Wir haben das Passwort am PC des Ermordeten geknackt. Wir durchforsten seine Dateien.«

Die Chefinspektorin gratulierte dem Chef der Spurensicherung.

»Danke Thomas. Gute Arbeit. Wie immer.«

Eine Stunde später erreichte sie der nächste Anruf aus der Technikabteilung der Tatortgruppe.

»Wir sehen uns eben die Auftraggeberliste des Web-Designers an. Der Mann hatte offenbar einen guten Ruf in der Branche. Tolle Ideen, kreative Umsetzung. In der Liste finden sich vorwiegend Top-Unternehmen, die das nötige Kleingeld haben, um sich ein Designer-As wie Dominik Reiter leisten zu können. Nur ein Kunde kippt ein wenig aus dem Rahmen.«

»Welcher?«

»JKPS.«

»Und das heißt?«

»Juvavia Krampus Pass Salzburg.«

Die Chefinspektorin beendete das Telefonat und blickte ihren Kollegen an, der das Gespräch über Lautsprecher mitgehört hatte.

»Können die Krampusläufer sich so einen Profi leisten, Otmar?«

»Ich weiß es nicht. Aber vielleicht hat ihnen der gute Dominik einen Sonderpreis gemacht. Wir werden es gleich herausfinden.«

Er suchte die Nummer der Erotikladenbesitzerin und rief sie an.

»Guten Tag, Frau Reiter. Zunächst muss ich Ihnen leider mitteilen, dass die Staatsanwaltschaft die Leiche Ihres Bruders noch nicht freigegeben hat. Die Untersuchungsreihe der Gerichtsmedizin ist noch nicht komplett abgeschlossen.«

Dann brachte er sein Anliegen vor, erwähnte die Internetarbeit für die »Juvavia Pass«.

»Ich glaube nicht, dass Dominik von den Krampusleuten den üblichen Honorarsatz verlangte. So wie ich ihn kannte, hat er vermutlich gar nichts berechnet.«

»War er öfter so entgegenkommend?«

Er hörte die Frau am anderen Ende der Verbindung seufzen.

»Ja leider. Viel zu oft. Dominik hatte einfach ein großes Herz. War immer gutmütig, wenn ihn jemand um einen Gefallen bat. Aus meiner Sicht viel zu gutmütig. Das hat ihm auch geschadet.«

»Wie meinen Sie das?«

Für ein paar Sekunden war es still in der Leitung.

»Ich will da keine Namen nennen. Aber ich hörte Dominik erst kürzlich sagen, jetzt sei der Bogen endgültig überspannt.«

»Wen könnte er damit gemeint haben, Frau Reiter? Namen! Ihr Bruder ist tot. Ermordet. Wir suchen nach möglichen Motiven.«

Sie schwieg. Er stieß nach, drängte. Die Polizei brauchte Anhaltspunkte. Nein, das wollte sie nicht. Das wäre nicht im Sinne ihres stets menschenfreundlichen Bruders. Dann hörte er sie weinen.

Er beendete das Gespräch, wählte die Nummer des Tatortgruppenleiters.

»Thomas, prüft bitte intensiv alle Dateien, die ihr findet. Jede Zeile, jeden möglichen Eintrag. Korrespondenz, Aufträge, Mailverkehr, Finanzen, Transaktionen, Tagebuch, falls es eines gibt.«

Ihr Handy läutete. Sie schaute auf die Anzeige. Das war die Zeitung, die Klappe der Society-Redaktion.

»Hallo, Odette.«

»Saskia, was machst du gerade?«

»Ich recherchiere in der Innenstadt.«

»Super, kannst du für mich einen Abstecher in die Judengasse machen?«

»Warum?«

»Wir erstellen gerade eine Liste der verschiedenen Weihnachts-Geschenk-Typen.

Da gibt es etwa die ›Selberbastler‹, die sogar noch jeden Aschenbecher aus Knetmasse selber wutzeln, dann die ›Gutschein-Ideenlosen‹, die ›Schaut-was-ich-mirleisten-kann-Protzer‹, die ›Auch-noch-Haustier-Be-schenker‹ …«

»Was sind die ›Auch-noch-Haustier-Beschenker‹?«

»Na die sich überlegen: Was schenke ich dem Zwerg-pudel meines Chefs? Worüber freut sich der Leguan meiner Schwiegermutter?«

»Und was soll ich in der Judengasse? Dort gibt es keine Leguane.«

»Nein, aber ›Christmas in Salzburg‹.«

Saskia kannte diesen Laden. Sie war schon mit ihrer Mutter dort gewesen. Das Geschäft verhökerte bemalte Christbaumkugeln und sogar Ostereier. Vorwiegend an Touristen. Den meisten mochte dieser Kitsch gefallen, ihr behagte der bis unter die Decke mit Weihnachtsdeko vollgeräumte Shop nicht.

»Was soll ich dort machen?«

»Frag die Verkäufer, welche Geschenk-Typen ihnen noch zu meiner Liste einfallen.«

Oh Gott. Das war so sexy, wie geronnenes Kerzen-wachs von einem Bierdeckel zu kletzeln.

»Okay, Odette. Mache ich.«

Das würde sie später erledigen. Sie befand sich der-zeit auf der gegenüberliegenden Seite des Flusses, stapfte die Linzergasse hinauf. Dort befand sich das Büro einer der Firmen, die Dominik Reiter als Nikolaus gebucht hatten. Vielleicht könnte sie aus dem überfreundlichen Marketingleiter etwas herausquetschen. Möglicherweise war ihm am Auftritt des Trios etwas aufgefallen, das ihr weiter half. Sie musste sich ranhalten. Die gestrige Recherche im Schwulenlokal hatte nicht viel gebracht. Man hatte sie zwar ein wenig erstaunt angeschaut, aber ohne Probleme reingelassen. Alle waren durch die Bank nett zu ihr gewesen. Nur verwertbare Infos hatte sie nicht erhalten.

Am späten Nachmittag erschien Thomas Brunner mit leichter Verspätung zur Team-Besprechung.

»Entschuldigt bitte, aber ich habe etwas gefunden, das solltet ihr euch unbedingt anschauen.«

Er verband seinen Laptop mit dem Beamerkabel und aktiverte das Gerät. Auf dem großen Wandscreen erschien eine Liste mit Zahlen. Bankauszüge. Transaktionen.

Eine Summe war markiert, ebenso ein Name.

50.000 Euro. Empfänger Niklas Sextner.

Die Überweisung geschah vor einem halben Jahr.

»Keine üble Summe für einen Baggerfahrer.« Otmar Braunberger pfiff leise durch die Zähne. »Falls er sich den Betrag ausgeliehen hat, wird er einige zusätzliche Schaufeln hochstemmen müssen, um das zurückzuzahlen.«

»Wir werden ihn dazu befragen«, ergänzte die Chefinspektorin.

»Ja, das werden wir.«

Und wieder hatte der Abteilungsinspektor einen Auftritt im höllischen Dreizimmerrevier des Krampusdarstellers. Der Baggerfahrer zeigte sich gesprächig.

»Ja, Dominik hat mir das Geld geliehen. Ich habe mich vor zwei Jahren bei einem Geschäft völlig verzockt. Hatte mich an einem neu gegründeten Onlineunternehmen für Maschinenersatzteile beteiligt. Leider ist die Firma völlig den Bach runter gegangen. Die Bank machte Druck. Ich habe mich an Dominik gewandt, und er gab mir das Geld.«

»Einfach so?«

»Ja, so war er. Ein netter Kerl, ein echter Kumpel. Er wollte den Handel nicht einmal schriftlich festhalten. Handschlag hatte ihm genügt. Aber ich bestand darauf, einen Schuldschein zu unterschreiben. Habe ich auch. Auf einem einfachen karierten Zettel.«

»Wir haben keinen Schuldschein gefunden. Weder bei seinen Sachen noch in seiner Wohnung noch auf dem PC.«

Dominik Reiter wechselte die Gesichtsfarbe. Die Wangen wurden käsig bleich.

»Aber ich habe ihm den Schuldschein gegeben. Ganz sicher!«

Bis sie ihm nicht das Gegenteil beweisen konnten, mussten die Ermittler das wohl so hinnehmen. Der Abteilungsinspektor verabschiedete sich.

»Danke, ich finde allein hinaus. Ich kenne ja schon den Weg. Und wer weiß, vielleicht komme ich ja bald wieder.«

50.000 Euro, die man eventuell nicht zurückzahlen will, sind natürlich ein stärkeres Mordmotiv als Bedenken wegen der möglichen Bloßstellung als Schwuler in einer Machoumgebung. Aber für einen Haftbefehl würde es nicht reichen.

Das sah auch die zuständige Staatsanwältin so. Die Indizienlage war zu dünn.

Außerdem hatte Sextner ein Alibi. Das stand zwar nicht in Blei gegossen, aber immerhin hatte der Kell-

ner des »Blue Side One« angegeben, dass Niklas Sextner »gegen 23 Uhr« im Lokal erschienen war.

»Theoretisch könnte er seinen Nikolauskumpel vor
dem Geschäft abgesetzt haben. Es ist halb elf. Er fährt
weiter, biegt in die nächste Gasse ein, wartet, bis die
alte Frau, die ihre Katze sucht, verschwunden ist. Dann
dreht er um und kehrt zurück. Nach dem Mord fährt
er nicht mehr in seine Wohnung sondern direttissima
zum Lokal. Das könnte sich theoretisch innerhalb des
Zeitfensters ausgehen.«

Der Abteilungsinspektor wiegte den Kopf hin und
her.

»Ja, möglich. Aber zwischen Ankunft vor dem Shop
und möglicher Rückkehr sind garantiert einige Minuten
vergangen. Die Frage ist: Warum hat sich Reiter inzwischen nicht längst umgezogen? Warum sollte er immer
noch mit Bischofskappe und Umhang herumlaufen?
Wir fanden ihn in seinem Kostüm. Und das wurde ihm
nicht post mortem übergezogen. Das hatte er an, als er
mit der Vase erschlagen wurde.«

Sie steckten fest. Auch an den nächsten beiden Tagen war
das Erfreulichste das Sonnenlicht, das die Schneekris-
talle der verschneiten Stadt zum Glitzern brachte. Sonst
zeigte sich kein Silberstreifen am Ermittlungshorizont.
Auch die nochmalige Überprüfung aller pathologischen
Erkenntnisse brachte nichts Neues. Die Gerichtsmedizin gab die Leiche frei. Sie verständigten die Schwester.
Die wandte sich umgehend an ein renommiertes Bestat-
tungsinstitut. Das Begräbnis konnte in zwei Tagen stattfinden.

Saskia machte sich auf den Weg in das Viertel hinter dem Bahnhof. Sie wollte noch einmal zum Erotikshop und zur Schwester des Toten. Ihre Recherchen drehten sich im Kreis. Der Marketingchef hatte sich als komplette Niete erwiesen. In jeder Hinsicht. Wie unabsichtlich waren seine Finger über ihre Brust geglitten, als er ihr aus der Jacke half. Der Verkäufer im Christmas Shop hatte sie zwar nicht angefasst. Ganz im Gegenteil. Er war ihr mit ausgesuchter Höflichkeit begegnet, bedacht, immer respektvolle Distanz zu bewahren. Aber leider konnte er zur gewünschten Liste nichts beitragen. Über derartige Klassifizierungen hatte er sich noch nie Gedanken gemacht. Saskia wollte Odette nicht enttäuschen. Also erfand sie selber ein paar Charaktere. Unter anderem den »Bücher-die-ich-vorher-selber-lesen-will-Überreicher« und »GWWV«.

»Was ist GWWV?«, hatte Odette erstaunt gefragt.

»Na, der ›Geschenkte-Weinflaschen-Weiter-Verschenker‹.«

Aus dem Kindergarten mit den bunten Fenstern strömten ein paar Zwerge, dick eingepackt und mit Bommelhauben auf dem Kopf. Einige Mütter holten zur Mittagszeit ihre Sprösslinge ab. Die Praktikantin kannte sich in der Gegend schon etwas besser aus als beim ersten Besuch. Sie nahm eine Abkürzung. Die führte durch eine Gasse zu einem kleinen Platz mit Mülltonnen und Fahrradständern. Neben einer der vom Schnee befreiten Tonnen bemerkte sie einen getigerten Buckel. Eine Katze hielt die Nase zum Boden, leckte an einem gefrorenen Stück Wurst. Das schwarze Ende des Schwanzes bildete einen reizvollen Kontrast zum Weiß

der Fahrbahn. Murli? Saskia blieb stehen. Die Such-
anzeige fiel ihr ein. »Wer hat meinen Murli gesehen?«
Sie ging langsam in die Hocke, um die Katze nicht zu
erschrecken. Wenn sie sich recht an das Bild erinnerte,
konnte das der entlaufene Streuner sein. Sie öffnete vorsichtig ihre Handtasche und tastete nach dem Schinken-
sandwich, das sie sich in einer Bäckerei besorgt hatte.

»Murli! Ja darf denn das wahr sein! Mein Murli!« Die
Augen der alten Frau leuchteten heller als zwei kerzen-
übersäte Christbäume. »Junge Frau, ich weiß gar nicht,
wie ich Ihnen danken soll!«

Saskia wollte nur die ausgerissene Katze zurückbrin-
gen, aber Augusta Nagelberg ließ sie nicht gleich fort.
Sie musste unbedingt eine Tasse Kaffee trinken und dazu
wenigstens ein Stück der frisch gebackenen Punschtorte
versuchen, die sie eben aus dem Rohr genommen hatte.
Es blieb dann nicht bei einem Stück. Es wurden insgesamt drei. Saskia spürte, wie ihr Hosenbund allmählich
spannte. Aber die Punschtorte der alten Dame war ein
Gedicht. Die Praktikantin erzählte zum zweiten Mal,
wie sie durch Zufall sowohl den Ausreißer als auch die
Anzeige an der Auslage bemerkt hatte.

»Gott sei Dank habe ich auch einen Zettel am ehemaligen Copyshop angebracht. Und welch ein Glück,
dass Sie ihn gesehen haben.« Sie tätschelte ihre Hand und
schenkte Kaffee nach. »Ich wollte ja auch im Geschäft
daneben eine Anzeige aufhängen, aber ich habe mich
nicht hinein getraut.« Saskia musste schmunzeln. Sie
konnte sich gut vorstellen, dass die alte Dame davor
zurückschreckte, ausgerechnet einen Erotikshop auf-

zusuchen. Augusta Nagelberg schien ihre Gedanken zu erraten.

»Aber Kinderl, wo denken Sie hin! Glauben Sie, dass mich die Lackunterwäsche und die paar Plastikdinger, die man sich in alle möglichen Körperöffnungen schiebt, gestört hätten? Soll ich Ihnen ein paar Fotos zeigen, was ich so anhatte, wenn ich früher mit meinen Liebhabern gut drauf war? Nein, ich wollte nicht in den Sexshop, weil da so fürchterlich gestritten wurde.«

»Gestritten?«

»Ja, ich habe es durchs Fenster gesehen. Die Ladenbesitzerin war völlig aufgebracht. Sie hatte heftigen Streit. Mit einem Mann.«

Saskia stellte die Kaffeetasse ab und angelte nach ihrem Handy.

»War es der?« Sie zeigte ihr ein Foto von Niklas Sextner. Die alte Dame schüttelte den Kopf. »Nein.«

Saskia öffnete eine neue Datei und hielt ihr das Display hin.

»Ja, der war es. Ich kann mich gut erinnern.«

Die Praktikantin war leicht irritiert. Ihr Handy zeigte eine Großaufnahme von Dominik Reiter.

Sie platzte in das Büro ihrer Tante, ohne vorher anzuklopfen. Normalerweise stand die Tür meist offen. Die Chefinspektorin und der Abteilungsinspektor hoben verwundert die Köpfe.

»Was ist los, Saskia?« Braunberger schob ihr einen Stuhl hin. »Dem Leuchten deiner Augen zufolge willst du die gesamte Weihnachtsdekoration der Stadt überstrahlen!«

Sie warf sich in den breiten Stuhl, stellte einen kleinen Karton am Boden ab. »Entschuldigt bitte, dass ich hier so rein stürme, aber ich habe sensationelle Neuigkeiten.«

»Dann lass hören.«

Sie blickte ihre Tante an. »Deal?«

Carola Salmann reckte das Kinn nach vorn. »Wir sind hier nicht auf dem Basar, sondern in einer Mordermittlung. Wenn du also Kenntnis hast von etwas, das mit den Ermittlungen zu tun hat, dann raus damit. Und zwar auf der Stelle. Andernfalls machen Sie sich strafbar, junge Dame!«

Saskia verzog keine Miene.

»Deal?«

Die Chefinspektorin spürte, wie der Groll aus ihrer Bauchgegend nach oben stieg. Gleichzeitig musste sie der Hartnäckigkeit ihrer Nichte auch Respekt zollen.

»Lass einmal schauen, was du für ein Blatt hast. Dann reden wir weiter.«

Die Praktikantin dachte kurz nach. Dann nickte sie entschlossen. Sie berichtete von der Begegnung mit der alten Frau.

»Der Bruder?« Die Chefinspektorin war ebenso verwundert wie der Abteilungsinspektor. »Sie hat mit ihrem Bruder gestritten? Und am darauffolgenden Tag war er tot?«

Carola schaute ihre Nichte an. »Ich nehme an, die alte Dame ist als Zeugin glaubwürdig?«

»1000-prozentig! Und sie macht die beste Punschtorte der Welt.«

Sie griff nach unten, hob den Karton hoch und stellte

ihn auf den Schreibtisch. Dann beförderte sie drei Stück Torte aus der Schachtel samt Servietten.

»Jetzt brauchen wir nur mehr Teller und Gabeln.«

Zumindest in diesem Punkt mussten die beiden Ermittler der jungen Dame Recht geben. Die Torte war grandios! Nachdem auf den Tellern auch nicht der kleinste Krümel zurückgeblieben war, versuchten die Polizisten, die neuen Erkenntnisse ins Gesamtbild einzuordnen.

Sie hatten in den ersten Ermittlungsschritten Laelia Reiters Situation zwar kurz beleuchtet, aber nicht allzu intensiv. Immerhin war die Schwester durch das eindeutige Alibi sofort als mögliche Tatverdächtige ausgeschieden.

»Zumindest ihre Angaben haben wir gründlich abgeklopft«, bestätigte Braunberger. »Das Skypegespräch mit der Freundin und der Disco-Besuch bei den Höllischen sind überprüfte Fakten. Wir haben die Strecke exakt kontrolliert. Ihre Wohnung liegt weit außerhalb der Stadt. Sie kann nicht nach dem Chat noch ins Geschäft gekommen sein, das geht sich nicht aus. Da wäre sie wesentlich später im ›Hot El Dorado‹ erschienen. Das Foto bei ihrer Disco-Ankunft legt eindeutig die Zeit fest. Und selbst wenn das irgendwie möglich gewesen wäre, gilt dasselbe wie bei unseren Überlegungen zu Niklas Sextner. Er brachte Dominik Reiter um halb elf zum Shop. Kurz nach halb elf Ortszeit führte die Schwester das Skypegespräch von zu Hause aus, über 30 Kilometer von der Stadt entfernt. Laelia Reiter hätte von ihrer Wohnung bis zum Shop, selbst wenn sie gerast wäre, mindestens eine halbe Stunde gebraucht, eher 45 Minuten. Sie wäre also frühestens Viertel nach elf, realistischerweise um halb zwölf angekommen. Es bleibt die selbe Frage, wie bei einer möglichen Rückkehr Sextners. Warum sollte Dominik Reiter eine Dreiviertelstunde lang im Nikolauskostüm herumlaufen, wenn er sich doch im Shop nur umziehen und gleich heimfahren wollte?«

Den Ausführungen des Abteilungsinspektors war nichts entgegen zu setzen. Eine Zeit lang herrschte Stillschweigen.

»Dennoch. Wir überprüfen sie noch einmal gründlich«, entschied die Chefinspektorin. »Hintergrund, finanzielle Lage, persönliche Beziehungen. Alles!«

Braunberger nickte.

»Was ist jetzt mit dem Deal?«, fragte Saskia.

Carola verzog die Lippen. »Was willst du?«

Am liebsten wäre ihr eine Exclusivstory über die Verhaftung des Nikolausmörders mit allen Details und Fotos gewesen. Aber die Polizei tappte ebenso durch dichten Nebel wie sie selbst. Sie überlegte.

»Darf ich alles sehen, was bisher in euren Ermittlungsunterlagen über Laelia Reiter vorliegt?«

Das war nicht viel, wie sie vorhin mitbekommen hatte. Aber vielleicht ließ sich irgend ein Detail verwerten, mit dem sie wenigstens die Chefredakteurin zufriedenstellen konnte. Sie wollte die Story auf keinen Fall verlieren.

Ihre Tante zuckte mit den Schultern. »Von mir aus.« Dann beugte sie sich vor.

»Aber du wirst nichts daraus veröffentlichen, ohne mich vorher zu fragen. Capito?«

Ihr Vater hatte ihr einmal erzählt, seine Schwester konnte ein Gesicht ziehen, das an einen sprungbereiten Panther erinnerte. Jetzt wusste sie, was er damit gemeint hatte.

»Ja, Tante Caro. Mache ich.«

Laelia Reiter hatte Schulden. Und das nicht zu knapp. Die Ermittler hatten es schnell herausbekommen. Mit einer gerichtlichen Legitimation waren sie in der Bank der Geschäftsfrau aufgetaucht. Der Sexshopbesitzerin reichte das Wasser bis zum Hals. Sie stand kurz vor der Exekution.

Und noch etwas entdeckte die Polizei: Laelia Reiters miserable finanzielle Situation zog sich schon über Jahre hin. Doch immer wieder waren auf ihrem Konto hohe Beträge eingegangen, überwiesen von Dominik Reiter.

»Und jetzt, nach dem Tod des Bruders, sieht es für die Dame finanziell mit einem Schlag viel rosiger aus«, fasste die Chefinspektorin das Ergebnis der neuen Erkenntnisse zusammen. »Das Vermögen ihres Bruders ist beträchtlich. Und sie ist Alleinerbin.« Alle am Besprechungstisch nickten.

Nur, wenn sie es tatsächlich selbst war, die ihrem Bruder die Vase an den Kopf geknallt hatte, mussten sie ihr eine wahre Hexeneigenschaft nachweisen. Dann musste Laelia Reiter fliegen können. Anders gingen sich Zeit und Wegstrecke nicht aus.

Der Anruf von Saskia kam um 20 Uhr.

»Hallo, Tante Caro, ich habe die Lösung. Ich weiß, wie sie es gemacht hat.«

Sie erklärte es ihr.

Um 22.18 Uhr fuhr ein Polizeiwagen vor und verhaftete die Erotikshopbesitzerin Laelia Reiter in deren Wohnung.

Die Beweise der Spurensicherung zerstreuten die letzten Zweifel. An der Wand des kleinen Büros, das unmittelbar an den Verkaufsraum des Erotikladens anschloss, fanden die Spezialisten mit freiem Auge nicht wahrnehmbare Leinwandfaserspuren. Dazu entdeckten sie auf dem Boden minimale Rückstände von Erde und Pflanzengewebe. Beides passte zum Bild von Marilyn Monroe und zur Ficus Microcarpa, die in der Wohnung sicher gestellt wurden.

»Sie hat es ganz raffiniert gemacht!« Saskias Augen strahlten immer noch, während sie getrüffelte Linguini in den Mund schob. Carola hatte ihre Nichte und Otmar zu Meranas Lieblingsitaliener eingeladen, ins »Da Sandro«.

»Ich habe mir die spärlichen Ermittlungsdetails in eurer Akte über Laelia Reiter immer und immer wieder angeschaut. Und wisst ihr, wie ich draufgekommen bin? Durch meine Freundin Dunja aus Graz. Mit ihr habe ich vor Jahren gern ein beliebtes Spiel gemacht. *Rate mal, wo ich bin?* Wir haben uns abwechselnd via Handykamera von verschiedensten Orten gemeldet. Und die jeweils andere musste aufgrund des Bildhintergrundes erraten, wo man gerade war. Dabei haben wir während des Chats das Handy meist so gehalten, dass es für die andere Person schwierig war, den Ort anhand von markanten Details zu erkennen. Das brachte mich auf die Idee. Was wäre, wenn Laelia Reiter das Skypegespräch nicht von zu Hause sondern vom Geschäftsbüro aus geführt hätte. Ich habe mir das Video ein paar Mal angeschaut. Genau betrachtet sieht man im Hintergrund nur ein Stück Wand mit einem Ausschnitt des auf Leinwand kopierten Marilyn Monroe Porträts und ein paar Pflanzenblätter. Ich bin dann noch einmal ins Geschäft. Dieses Mal habe ich sie angetroffen. Ich spielte ganz die mitfühlende Journalistin. Immerhin waren wir ja Leidensgenossinnen, was das Auffinden des Toten anbelangte. Sie war sehr freundlich zu mir. Ich schaute mich auch kurz im Büro um. Dort steht nämlich die Kaffeemaschine, wie ich schon vom ersten Mal wusste. An der Wand hing ein Poster mit einer Winterlandschaft. Das war am Morgen, als wir die Leiche fanden, noch nicht da. Das musste sie später hingehängt haben.«

Die Chefinspektorin und der Abteilungsinspektor nickten anerkennend. Inzwischen hatten die Ermittler den Hergang bis ins kleinste Detail rekonstruiert. Der Streit war so vorgefallen, wie die alte Dame ihn geschildert hatte. Es war nicht die erste Auseinandersetzung zwischen den Geschwistern gewesen. Dominik Reiter hatte es endgültig satt, seiner Schwester immer und immer wieder aus der finanziellen Patsche zu helfen. Sie war nach dem Arztbesuch am späten Abend ins Geschäft zurückgekehrt und hatte auf ihn gewartet, um noch einmal mit ihm zu reden. Sie hatte ihm gar keine Zeit gegeben, sein Kostüm auszuziehen, sondern ihn sofort bestürmt, doch noch einmal einzulenken. Aber er blieb stur. Da hatte sie zur Vase gegriffen und zugeschlagen. Beide Hauptermittler, sowohl die Chefinspektorin als auch der Abteilungsinspektor, waren verwundert über die Kaltblütigkeit, mit der die Ladenbesitzerin daraufhin in Windeseile einen raffinierten Plan entwickelte. Sie setzte sich ins Büro und rief ihre Freundin an. Sie wusste, dass Jehana Berger alle Chatgespräche aufnahm. Sie wählte den Bildausschnitt so, dass man im Hintergrund nur ein Stück Pflanze und einen Teil des Leinwandposters sah.

Nach dem Chat nahm sie einige Utensilien aus ihren Erotikbeständen, schminkte sich und fuhr ins »Hot El Dorado«. Denn sie wusste von der Party und auch davon, dass alle Gäste bei ihrem Eintreffen fotografiert wurden. Marilyn Monroe und die chinesische Feige fuhren mit. Die deponierte sie später nach der Heimkehr aus der Disco in ihrem Wohnzimmer. Auch dort waren die Wände weiß so wie im Büro. Der Anblick, der sich den Ermittlern bot, glich jenem aus dem aufgezeichneten Live-Chat. Die Täuschung war perfekt. Und noch ein Zufall kam Laelia Reiter zu Hilfe. Eine junge aufstrebende Reporterin, zukünftige Top-Journalistin, derzeit noch Praktikantin, hatte sich für den nächsten Morgen zum Interview angemeldet. Laelia kam absichtlich etwas später zum Geschäft, denn sie wollte unbedingt, dass die junge Zeitungsfrau in jedem Fall schon da war und als Erste die Leiche fand. Alles andere war nur mehr geschicktes Theater. Und es hatte ja auch fast geklappt. Sie hatte sogar die Kaltschnäuzigkeit besessen, dem toten Bruder den karierten Schuldschein aus der Brieftasche zu ziehen. Vielleicht konnte man ja später im Laufe der Untersuchungen der Polizei eine Andeutung machen über die von anderen ausgenützte Großzügigkeit des Bruders. Das würde zumindest eine neue Ermittlungsrichtung eröffnen.

Der Restaurantbesitzer kam an ihren Tisch. Er brachte ein Tablett mit Champagnergläsern.

»Ich darf erlauben mir, mit den Herrschaften anzustoßen. Es freut mich, dass ich in meinem Lokal begrüßen kann eine noch junge, aber schon berühmte Journalistin! Saluti! Congratulazione, Signorina!« Alessando Calvino, von seinen Freunden Sandro gerufen, verbeugte sich theatralisch vor Saskia und reichte ihr das erste Glas. Die Praktikantin fühlte, wie sie rot wurde. Ihre Tante überreichte ihr ein rechteckiges Geschenkpaket mit Masche. Saskia riss das Papier auf.

»Wow, das ist toll!« Carola hatte ihr den groß aufgemachten Zeitungsartikel aus dem »Salzach Figaro« eingerahmt. *Nikolaus, du toter Mann …* stand als Headline über dem Beitrag. Und darunter: *Exclusivbericht unserer Reporterin Saskia Bernhard.*

Einfach super. Die Richtung zum Pulitzerpreis stimmte.

»Und wisst ihr, was das Beste ist?«, strahlte die angehende Top-Journalistin. »Tara Tomanski hat mein Praktikum auf vier Monate verlängert. Und ich bekomme auch ein Extra-Honorar für die Reportage.«

»Na darauf sollten wir noch einmal anstoßen!«, rief der Abteilungsinspektor. »Das wird vom Christkind nur mehr schwer zu toppen sein.«

Sie führten die Champagnerkelche zusammen. Der Klang der Gläser hörte sich an wie zarte Weihnachtsglocken.

FRAUTRAGEN

Maria durch ein Dornwald ging
der hat in sieben Jahr kein Laub getragen ...

Leiser. Der Chorleiter will die Phrase verhaltener im Vortrag. Weniger Stimme, mehr Ausdruck. Ihr müsst fühlen, was ihr singt. Spürt die Dornen! Stellt euch den Wald vor. Er hat keine Blätter. Er ist karg. Unwirtlich. Seit sieben langen Jahren. Die Frauen atmen ein. Gemeinsam. Die Männer sind zu spät. Wie immer. Es ist kalt im Zimmer. Die Pfarramtsassistentin hat vergessen, die Heizung einzuschalten. Bis zum Ende der Probe wird es nicht mehr wärmer. Ihnen bleibt noch eine knappe halbe Stunde. Dann würden sie aufbrechen. Der Chorleiter hebt die Hände. Er blickt in zehn erwartungsfrohe Gesichter. Sie verstehen, worum es geht. Er spürt es. Seine linke Hand öffnet den steinigen Weg, deutet ein vorsichtiges Schreiten an.

Maria durch ein Dornwald ging. Kyrie eleison.

Seine Finger hasten über die Tastatur. Auf dem Screen öffnet sich eine neue Seite. CNN. Seine Augen huschen über die Zeilen. Dann sieht er die Bilder. Er starrt auf die Gesichter. Erschrickt. Die Tür wird geöffnet. Rami, bitte komm. Wir müssen aufbrechen. Er ist wie gelähmt, kann kaum atmen. Vor ihm die Bilder. Du hast gesagt, du kommst mit. Es ist Zeit, Rami. Ich warte unten, bitte beeil dich. Sie schließt die Tür. Der Bretterboden knarrt. Ihre Füße eilen über die Treppe. Er braucht ein paar Sekunden, bis er sich gefasst hat. Er atmet tief durch. Er hatte sich über Lottes Einladung gefreut. Schon vor zwei Wochen hatte sie ihm das Angebot gemacht. Am Ende des Montagkurses. Er versucht, etwas von dieser Freude in sich wieder wachzurufen. Es gelingt ihm nur schwer. In seinem Kopf pocht das Blut. Die Finger tasten nach der Maus. Er zwingt sich, seinen Blick von den Bildern auf dem Schirm zu lösen. Rami! Der Ruf dringt von unten herauf bis in den ersten Stock. Rami! Ihre Stimme schwillt an. Er hat Lotte noch nie ungehalten erlebt. Jetzt ist sie es. Er betätigt die Maustaste, aktiviert die Funktion »Herunterfahren«. Dann steht er auf, immer noch ganz benommen. Ihn fröstelt. Er reibt die Handflächen aneinander. Bis die Haut zu schmerzen beginnt. Er öffnet die Tür und nimmt die Treppe nach unten.

Sie treffen sich vor der kleinen Kirche direkt im Ortszentrum. Es ist kalt. Eine Frau schimpft. Zwei Buben lassen die Schneebälle aus den zum Wurf erhobenen Händen fallen. Ein kleines Mädchen atmet auf, verlässt den schützenden Raum hinter dem Rücken der Frau. Lachen treibt über den Platz. Eine Kanne mit Tee wird herumgereicht. Einige der Männer gießen sich Schnaps aus einem Flachmann in ihre dampfenden Tassen. Rami entdeckt die Leute vom Kirchenchor, sieben Frauen, drei Männer. Er winkt ihnen zu. Fast alle winken zurück. Er kennt die meisten von ihnen.

Sie haben im Flüchtlingsheim gesungen, eine Woche, nachdem Rami und Kalila dort ankamen. Jetzt hebt auch der Chorleiter die Hand. Hallo, Rami! Er grüßt zurück.

Guten Tag, Albert. Da ist Andrea, sagt Lotte und eilt auf ihre Schwester zu. Rami hat vor zwei Tagen ihre Bekanntschaft gemacht. Sie ist die meiste Zeit in Wien, macht dort ihre Ausbildung zur Kriminalpolizistin. Sie kommt auf ihn zu, zieht die Handschuhe aus. Ihre Finger fühlen sich warm an. Hallo, Rami, schön, dass du beim heutigen »Frautragen« dabei bist. Das ergibt garantiert einen denkwürdigen Eintrag in die Ortschronik. Ihr Lächeln ist reizend. Sie ist drei Jahre jünger als Lotte. Er versucht, das Lächeln zu erwidern. Er ist wohl der erste Moslem, der bei diesem christlichen Adventbrauch in der kleinen Salzburger Landgemeinde mitmacht. Lotte hat ihm schon im Herbst davon erzählt. Er wollte von Anfang an mehr als nur die Sprache lernen. Ihn interessiert die Lebensart, das Denken der Menschen in jenem Land, in dem er vielleicht eine neue Heimat finden würde. Deutsch hatte er schon in Syrien in der Schule, ein Jahr lang. Er war selbst erstaunt gewesen, wie schnell es ihm gelang, innerhalb von nur sechs Monaten seinen Wortschatz zu erweitern. Und nun lernt er einen Brauch kennen, den die Menschen in diesem Ort vor fünf Jahren wieder aufgegriffen haben. »Frautragen«. Die Bilder aus dem Internet huschen durch seinen Kopf. Er versucht, sie zu verscheuchen, aus seiner Seele zu verbannen.

Der Pfarrer kommt aus der Kirche. Er hält die kleine Marienstatue in den Händen.

Ich darf euch alle willkommen heißen, mit einem aufrichtigen Grüßgott, am heutigen Marienfeiertag. Schön, dass sich so viele eingefunden haben. Lieber Albert, herzlichen Dank dir und deiner Sängerschar, dass ihr so wie in den vergangenen Jahren auch das diesjährige »Frautragen« mit euren Liedern begleitet. Ihr wisst, dass wir heute vier Familien besuchen. Wir beginnen beim Stegnerbauer. Der Gustl und die Michaela erwarten uns dort um zwölf Uhr. Die letzte Station am Abend wird der Prangerhof sein. Dort bleibt die Gottesmutter dann bis zum kommenden Sonntag. Liebe Lotte, dir wollen wir natürlich ganz besonders danken. Du hattest vor fünf Jahren die großartige Idee, diesen wunderbaren alten Brauch für unseren Ort wieder zu beleben. Und du hast es auch heuer wieder übernommen, das »Frautragen« in unserer Dorfgemeinschaft zu organisieren. Bravo, Lotte!, rufen die beiden Buben, die unbemerkt von ihrer Mutter wieder Schneebälle geformt haben. Einige der Erwachsenen beginnen zu klatschen. Der Applaus klingt durch das Aneinanderschlagen von dicken Handschuhflächen etwas gedämpft. Aber Lotte freut sich. Rami bemerkt, wie sie errötet. Wie jedes Jahr, liebe Lotte, setzt der Pfarrer fort, steht es dir zu, den ersten Frauträger zu bestimmen. Darauf ist Lotte vorbereitet. Sie hatte ihre Wahl längst getroffen. Sie weiß, dass sich Roman Dirnleitner über die Ehre ganz besonders freuen wird, die Marienstatue auf dem ersten Abschnitt des Weges zu tragen. Der pensionierte Postamtsleiter hat sie vor fünf Jahren sehr bei ihrem Ansinnen unterstützt, den alten Brauch wieder einzuführen. Sie nimmt die Marienstatue aus den Händen des Pfarrers und reicht sie weiter. Roman Dirnleitner zieht überrascht die Handschuhe aus. Seine Augen strahlen. Er nimmt die Holzmadonna vorsichtig in die Hände, hält sie wie einen kostbaren zerbrechlichen Schatz. Die Skulptur ist über 300 Jahre alt. Das weiß Rami von Lotte. Sie zeigt eine junge Frau im blauen Kleid, mit einem umgehängten roten Tuch. Braunes Haar fällt ihr in weichen Locken auf die Schultern. Mit den Händen hält sie anmutig eine weiße Rose an ihre Brust. Der Blick ist liebevoll und ein wenig scheu. Rami gefällt die umsichtig behutsame Art, mit der der ehemalige Postbeamte die Madonnenfigur vor seiner Anorakbrust in Händen hält. Langsam dreht er sich um, setzt vorsichtig die ersten Schritte in den Schnee. Die Pfarramtsassistentin hält ihm eine kleine Holzvorrichtung mit breiten Bändern hin, eine Art Steige, die man sich auf den Rücken schnallt. Sie wurde vor fünf Jahren extra zum Transport der Statue angefertigt. Aber Dirnleitner lehnt dankend ab. Er will die Jungfrau Maria mit den Händen tragen. Zumindest bis zum ersten steilen Anstieg. Die sogenannte »Kraxe« würde er erst benützen, wenn die Gefahr besteht, mit dem wertvollen Gut in den Armen auszugleiten. Die kleine Gruppe setzt sich in Bewegung, der pensionierte Postbeamte schreitet voran. Das »Frautragen« beginnt.

Was trug Maria unter ihrem Herzen?
Kyrie eleison.

Die Bilder kommen mit großer Wucht. Sie schieben sich in seinen Kopf. Er versucht sie zurückzudrängen, den Stimmen der Sänger zu lauschen.

Ein kleines Kindlein ohne Schmerzen,
das trug Maria unter ihrem Herzen.

Auch Faizah war schwanger gewesen. Er sieht wieder die Feuerblitze und den Rauch. Das grässliche Donnern hallt in seinen Ohren. Er sieht sich hinüber rennen zum Nachbarhaus. Seine Füße trommeln über das steinige Feld. Dann schlägt die nächste Granate ein. Und die übernächste. Er sieht Emirhan und Alima aus dem Olivenhain laufen. Sie hetzen auf ihr Haus zu, von dem nur mehr die linke Seite steht. Die rechte ist weggerissen. Wo Faizahs Zimmer war, klafft ein Loch, eine riesige Wunde aus Staub und Schutt. Die Druckwelle des nächsten Granateneinschlags hebt ihn von den Beinen. Eine unsichtbare Faust schleudert ihn meterweit über den rissigen Boden. Seine Ohren sind wie betäubt. Blut tropft aus der Nase. Er rafft sich auf, humpelt weiter. Dann hört er den Schrei. Ein einziges lang gezogenes Klagen. Es fährt ihm in die Ohren, in den Kopf, in die Beine, in den Bauch, ins Herz. Alima kniet neben einem riesigen Haufen aus Ziegeln und Mauerresten. Ihr Oberkörper schnellt vor und zurück. Emirhan versucht wie ein Rasender, Steine aus dem Haufen zu reißen, Mauerstücke hochzustemmen. Alima bedeckt die Hand, die unter dem Trümmerhaufen hervorragt, verzweifelt mit Küssen. Faizah hatte vor einer Woche ihren 20. Geburtstag gefeiert. Das Baby wäre in drei Monaten zur Welt gekommen. Alimas herzzerreißendes Klagen wird ihn noch lange verfolgen, wird sich mischen mit all den anderen Schreien. Schreien der Verzweiflung. Der Wut. Der Qual. Des Schmerzes. Die Bilder der Zerstörung, der Leichen, der Trümmer, der Menschen auf der Flucht werden ineinanderfließen.

Eine Hand legt sich auf seine Schulter. Er dreht den Kopf. Lottes Schwester ist an seiner Seite. Andrea, die Polizistin. Du siehst so blass aus, Rami. Ist dir nicht gut? Er versucht zu antworten. Aber sein Hals schmerzt. Vor ihm sieht er den breiten Rücken des Bäckermeisters aus dem Dorf. Und ganz vorne Roman Dirnleitner, der die Jungfrau Maria in seinen Armen trägt, sie vor dem beginnenden Schneefall schützt. Danke, Andrea. Es geht schon. Sie greift in ihre Tasche, reicht ihm ein Stück Traubenzucker, eingehüllt in eine Folie. Er nimmt es.

Kyrie eleison …

Das Gelände wird steiler. Der Stegnerhof liegt auf einer Anhöhe, zwei Kilometer außerhalb des Ortskernes. Der Schneefall ist dichter geworden. Dirnleitner lässt sich die Trage reichen, wickelt die Madonna in ein wasserfestes Tuch. Dann nimmt er die Kraxe auf den Rücken. Die Bauernfamilie erwartet sie vor dem Haus, zusammen mit Freunden und Bekannten aus der Nachbarschaft. Im Ort läuten die Kirchenglocken die Mittagsstunde ein, als sie am Hof eintreffen. Die Hausherrin begrüßt sie. Schön, dass ihr da seid. Kemmts einer in unser Haus! Nicht alle haben in der großen Stube Platz. Einige lassen sich auf den schmalen Bänken nieder, die der Bauer im Flur aufgestellt hat. Ein Teil des Zuges bleibt draußen. Michaela Stegner hat mit ihrer Schwiegermutter, der Altbäuerin, Krapfen gebacken. Dazu gibt es Sauerkraut oder Marmelade, je nach Gusto. Der Frauträger ist als

Erster eingetreten, gefolgt von Lotte und den anderen. Er stellt die Marienfigur auf ein kleines Tischchen am Fenster. Die Familie hat es mit Kerzen und getrockneten Blumen geschmückt. Dann setzt sich Dirnleitner als Erster an den großen runden Tisch, der die Stube beherrscht. Auch Rami findet dort Platz. Der Pfarrer spricht ein kurzes Gebet. Dann singt der Chor ein Lied. *Segne du, Maria, alle, die mir lieb ...* Nach dem Gesang wird herzhaft zugelangt. Die Krapfen schmecken. Die Unterhaltungen werden lauter. Einer der wichtigsten Gründe für dieses Ritual in der Adventzeit besteht in der Freude an der Gemeinschaft, am nachbarschaftlichen Zusammenkommen. Die Kinder der Stegnerfamilie versorgen die Gäste mit Getränken. Tee, Bier, Glühwein, Apfelsaft. Nun hat Maria einen Platz zum Ausruhen gefunden. Lotte hat Rami einiges über die Hintergründe erzählt. Manches hat er auch aus dem Internet erfahren. Der Brauch war früher im Alpenraum weit verbreitet, geriet dann in vielen Regionen fast in Vergessenheit. In den vergangenen Jahren haben einige Gemeinden das »Frautragen« wieder entdeckt. Dieser Brauch zählt eher zu den stillen, wenig spektakulären in der Vorweihnachtszeit. Kein Event, das sich touristisch ausnützen lässt. Hier geschieht Intimes. Ein Marienbild oder eine Marienstatue wird innerhalb der Ortsgemeinschaft weiter gereicht. Maria »wandert« von Familie zu Familie, bekommt für ein paar Stunden, eine Nacht, oder auch mehrere Tage Herberge. Die Vorgehensweise ist ganz unterschiedlich. Einige Ortschaften beginnen bereits sehr früh im Advent mit dem »Frautragen«, andere erst in den letzten neun Tagen vor dem Heiligen Abend.

Die biblischen Schilderungen der Weihnachtserzählung bilden den Hintergrund zu diesem Brauch. Maria, die schwangere Gottesmutter, fern ihrer Heimat Nazareth, ist auf der Suche nach einer Herberge. Überall wird sie abgewiesen, kein gastfreundliches Haus steht ihr offen. So muss sie letztendlich ihren Sohn in einem Stall zur Welt bringen. Aber auch die dramatischen Ereignisse der biblischen Erzählung über die Flucht nach Ägypten klingen hier an. Maria, Josef und das Jesuskind als Flüchtlinge, bedroht von den Blutschergen des König Herodes, der alle Neugeborenen umbringen lässt. In manchen Gemeinden sind in der Vorweihnachtszeit gleich mehrere Statuen oder Bilder unterwegs, um an die biblischen Ereignisse zu erinnern. Lotte hat Rami erzählt, dass auch in ihrem Ort diese Variante diskutiert wurde. Schließlich hat man sich darauf geeinigt, nur eine Frauenfigur die Reise antreten zu lassen, die schlichte frühbarocke Madonna aus dem Seitenaltar der Kirche. Der Hausherr bittet kurz um Ruhe. Es freut uns, sagt Gustl Stegner, dass wir neben der Gottesmutter heute noch einen weiteren Flüchtling als Gast in unserer Mitte haben. Er hebt das Bierglas. Lieber Rami, willkommen in unserem Haus. Lotte freut sich über die Geste des Hausherrn. Sie schaut zu ihrem Schützling. Der weiß nicht recht, wie er mit der unerwarteten Aufmerksamkeit umgehen soll, die plötzlich auf ihn gerichtet ist. Schüchtern hebt er sein Teeglas. Schukran. Danke. Auch der Pfarrer und einige der Sängerinnen verstärken den Willkommensgruß des Hausherrn und heben ihre Trinkgefäße. Aber nicht alle Gesichter in der großen Bauernstube schauen freundlich. Zwei Männer aus der Nachbarschaft drehen bewusst die Köpfe weg. Einige andere schauen verlegen zu Boden. Lotte sieht es. Die unverblümt gezeigte Abneigung tut ihr weh. Und noch mehr schmerzt sie, dass auch Rami es mitbekommen hat.

Erschrick nicht, Maria, es geschieht dir kein Leid
Ich bin nur ein Engel, verkünd dir die Freud.

Es ist Zeit aufzubrechen. Sebastian, der älteste Sohn der Stegnerleute, übernimmt die Marienstatue. Er ist 22. Er wird sie bis zur nächsten Familie, zum nächsten Hof tragen. Der Schneefall hat wieder aufgehört. Die Bauersleute verabschieden ihre Gäste. Einige der Männer lassen sich vom Hausherrn noch einen selbst gebrannten Birnenschnaps einschenken. Dann macht sich der Zug auf den Weg. Die Strecke führt noch ein paar 100 Meter aufwärts. Nach der Hügelkuppe weist der Pfad nach unten. Die Stimmung ist ausgelassener als während des ersten Abschnitts. Die Luft ist klar und kalt. Das aufgeregte Bellen des Schäferhundes vom Stegnerhof begleitet sie beim Anstieg. Dann führt der Weg nach unten. Der um die Mittagszeit gefallene Neuschnee bedeckt die Straße. Darunter ist die Bahn glatt.

Der Frauträger an der Spitze des Zuges rutscht plötzlich aus. Seine schlaksige Gestalt gerät ins Straucheln. Er droht, mit der Madonna zu fallen. Einige schreien auf, erschrocken. Der Bäckermeister und Lotte reagieren am schnellsten. Sie versuchen, den Strauchelnden abzustützen. Der Mann rettet die Marienstatue, greift nach ihr, ehe sie im Schnee landet. Rufe der Erleichterung werden laut.

Auch Rami ist gestrauchelt. Vor noch gar nicht langer Zeit. Aber da war niemand, der ihn aufgefangen hätte. Auch er hat eine Frau in den Armen getragen. Kalila, seine 17-jährige Schwester. Wieder stürmen die Bilder auf Rami ein, und er kann sich ihrer nicht erwehren. Wieder sieht er die großen dunklen Augen in dem schmalen Gesicht, die sich vor Angst weiten, als er das Gleichgewicht verliert. Er war an einem der Dornensträucher hängen geblieben, am verwilderten Rand des ausgetrockneten Bachbettes. Noch im Fallen dreht er sich so, dass der zarte Körper seiner Schwester auf ihm landet. Kalila heult auf. Allah, steh uns bei!, schreit es in seinem Innern, obwohl er nicht besonders gläubig ist. Allah, rette ihr Bein! Dann kracht er auf den Boden. Das Gestrüpp federt den Sturz nur unwesentlich ab. Stacheln bohren sich in seinen Rücken. Er hält die Arme fest um seine Schwester geschlungen, er hat sie nicht ausgelassen. Der notdürftig um Kalilas Unterschenkel geschlungene Verband hält. Die Wunde blutet nicht mehr als vorher. Er ist wieder aufgestanden, damals, vor noch gar nicht langer Zeit. Er hat Kalila hochgehoben, um sie weiter zu tragen. Das war der Beginn ihrer Flucht. Die Eltern waren schon seit Jahren tot. Hingemetzelt beim Massaker von Hula. Von den Schabiha-Milizen und den Regierungstruppen des eigenen Präsidenten. Ihnen war kein Engel erschienen wie dem Heiligen Josef in der biblischen Geschichte, um sie zu warnen. Auch die Großeltern waren umgekommen und ein Onkel und zwei Cousinen. Es gab nur mehr Kalila und ihn. Und als die IS Truppen immer weiter vorrückten, Dorf um Dorf in Schutt und Asche legten, sich die Leichenberge häuften, brachen sie auf, ließen alles hinter sich. Fast war es zu spät gewesen. Ein Bombensplitter hatte Kalila ins Bein getroffen, das Fleisch aufgerissen, den Knochen beschädigt. Sie konnte nicht gehen, keinen Schritt. Aber er war fest entschlossen, seine Schwester zu tragen, und sei es bis ans Ende der Welt. Auch Dornengestrüpp, Hitze und der sich nähernde Tod im Donner des Granatfeuers konnten ihn nicht daran hindern, dachte er. Doch er hätte nicht einmal die nächste Nacht geschafft, wenn Zahira nicht gewesen wäre.

Der Frauträger klopft sich den Schnee von der Hose. Die kleine Unaufmerksamkeit auf dem abschüssigen glatten Weg ist Sebastian peinlich. Man sieht es ihm an. Erleichtert nimmt er aus den Händen des Bäckermeisters die kleine Frau entgegen. Maria ist nichts passiert. Gott sei Dank. Einer der Männer hält ihm den Flachmann hin. Nimm einen Schluck auf den Schrecken! Der Frauträger lehnt dankend ab. Es geht weiter. Die Gottesmutter muss zum nächsten Haus gebracht werden. Die leichte Aufgekratztheit von vorhin ist verflogen. Das Gemurmel wird schwächer, bald bricht es ganz ab.

O Maria traurige
O Maria leidvolle
Sie zieht ins Dorf ins erste Haus und bittet dort um Herberge
In unserm Haus ist kein Platz mehr frei. Wir haben heut die Pfarrersleut
Sie ziehet vor ein ander Haus und bittet dort um Herberge

*In unserm Haus ist kein Platz mehr frei. Wir haben
heut die Hochzeitsleut*

Auch Sebastians Schwester Amelie ist mitgekommen.
Sie würde die Frauenstatue nach der Hälfte des Weges
übernehmen. Sie ist fast gleich alt wie Kalila. Sie besucht
die letzte Klasse des Gymnasiums. Nächstes Jahr würde
sie an die Uni gehen. Sie möchte einmal Tierärztin werden, wie sie Rami erzählt. Doch er kann sich schwer auf
Amelies Plauderton einlassen. Er bekommt die Bilder
nicht aus dem Kopf. Nicht die aus Syrien. Und nicht
die aus dem Internet.

Ist Rami der Einzige aus der Gruppe, oder hast du
die anderen gar nicht gefragt? Andrea schaut zu ihrer
Schwester. Lotte ist Volksschullehrerin. Seit einem Jahr
unterrichtet sie auch die Flüchtlinge in Deutsch. Unent-
geltlich. Bis zu zwölf Leute können in dem ehemaligen Gasthaus am Ortsrand aufgenommen werden. Die
Gemeinde hat es gekauft und als Unterkunft adaptiert.
Derzeit bewohnen zehn Menschen das Heim. Sie kommen aus Afghanistan und Syrien. Die anderen verstehen noch kaum Deutsch, wendet Lotte ein. Nika und
Amit wollten auch teilnehmen, aber sie sind leider beide
krank geworden. Eine Verkühlung. Nichts Ernstes. Die
übrigen zeigen noch wenig Interesse am Dorfleben. Es
braucht, bis sie sich eingewöhnen. Rami ist dein Mus-
terschüler, oder? Ja. Andrea sieht das Strahlen in Lottes Gesicht. Der Zug hält an. Sebastian überreicht die
Statue seiner Schwester. Nun ist Amelie verantwort-
lich für die Frau mit der weißen Rose und dem liebevollen Blick.

Nach einer Viertelstunde erreichen sie den Hof. Er liegt in einer Senke. Der Bach, der am Bauernhaus vorbeiführt, ist zugefroren. Der Pfarrer hat sich am halben Weg verabschiedet. Er hat an diesem Marienfeiertag noch andere Verpflichtungen. Priesternachwuchs ist Mangelware. Der Pfarrer hat mehrere Gemeinden zu betreuen. Er ist einer der wenigen Seelsorger in der Region, der nicht aus Polen oder Afrika kommt.

Dieses Mal will Rami vor dem Haus bleiben. Er überlegt sogar, etwas Abstand von den anderen zu gewinnen. Er könnte ein Stück am zugefrorenen Bach entlang schlendern. Er liebt Schnee. Als vor einer Woche die ersten Flocken fielen, fühlte er sich wie ein kleines Kind. Zwei Buben aus der Nachbarschaft des Heims haben ihm gezeigt, wie man einen Schneemann baut. Auch an diesem Hof entdeckt er einen. Er steht neben der Auffahrt zur Tenne. Die Karotte in seinem Gesicht ist schief, sie hängt nach unten. Und er hat eines der beiden Augen verloren. Ein trauriger Anblick. Rami überlegt, ob er das herunter gefallene Kohlestück suchen sollte, um dem kleinen Kugelmann wieder zum zweiten Auge zu verhelfen. Aber er weiß nicht, ob das nicht als Unhöflichkeit empfunden wird, wenn sich ein Fremder aus einem anderen Land auf diese Weise einmischt. Eine Frau kommt aus dem Haus und überreicht ihm ein Stück Kuchen zusammen mit einer Tasse Tee. Nach zehn Minuten erscheint Lotte und überredet ihn, doch in die Stube mitzukommen. Er würde lieber draußen bleiben, aber er will Lotte nicht enttäuschen. Einige der Leute auf den schmalen Bänken im Hausflur verstummen, als Lotte ihn vorbeiführt. Andere reden weiter.

Er hört einige Male das Wort »Stockholm«. Ein Mann fragt kopfschüttelnd, wohin das alles noch führen soll. Als Rami ihn anblickt, schaut er weg. Er bemerkt einen ängstlichen Ausdruck in den Augen einer alten Frau. Sie hält seinem Blick stand. Fast trotzig. Er will sie etwas fragen, aber Lotte hat ihn an der Hand gefasst. Sie zieht ihn weiter ins Innere des Hauses. Wieder schwappen die Bilder in ihm hoch.

Eine Stunde später brechen sie auf. Schwarze Schatten huschen über den grau verhangenen Himmel. Das hektische Knattern von Schwingen ist zu vernehmen. Eine Schar von Krähen begleitet Maria durch die vereiste Landschaft. Das Leben ist erstarrt, die Böden gefroren. Wo bis in den Herbst Blumen blühten, breitet sich jetzt eine Schneedecke aus. Wie ein riesiges Leintuch. Das Krächzen der Rabenvögel mischt sich mit dem monotonen Gemurmel der Leute, die den Rosenkranz beten. Der Frauträger ist der Altbauer des Hofes. Er führt den Zug mit seiner zwölfjährigen Enkelin an.

O Maria traurige
O Maria leidvolle
Sie ziehet dahin im finstern Wald.
Sie setzt sich nieder auf grauen Stein.
Das Füchslein im Wald hat sein eigen Höhl'
Ich und mein Kind hab'n kein Bett und Heim

Wenn Zahira nicht gewesen wäre, hätte Kalila nicht überlebt. Und er auch nicht. Er hatte sie den ganzen Tag getragen. Weg von den zerbombten Dörfern. Weg von den wütenden Schlächtern des IS. Das Wasser hatte nur für die schwer verletzte Schwester gereicht, nicht für ihn. Er hatte sich gerade einmal zwei Schluck aus der Plastikflasche gegönnt. Kalila hatte angefangen zu fiebern. Bis zum Abend hatte er durchgehalten. Als die Sonne den Horizont erreichte, war er zusammengebrochen, fernab der großen Straße, weit weg vom nächsten Dorf. Mitten auf einem steinigen Pfad, neben einem halb verdorrten Olivenbaum. Die Bilder sind wieder in ihm, während er hinter Lotte und Andrea durch die verschneite Landschaft trottet, das Gemurmel der Betenden hinter sich, das heisere Gekrächze der Krähen voraus. Er hatte gedacht, er sei schon tot, als das helle Licht in seine halb geöffneten Augen stach. Er spürt es wieder. Der grelle Schein schmerzt. Dann wandert der Lichtkegel weg von ihm, schält das Gesicht einer jungen Frau aus der Dunkelheit. »Ich bin Zahira. Trink.« Noch nie hat ihm Wasser so wunderbar geschmeckt. Er saugt gierig an der Feldflasche. Er ist nicht tot. Er hört Kalilas Wimmern neben sich. Auch sie lebt. Die Frau hilft ihm auf. Sie ist Anfang 20, etwa in seinem Alter. Groß, kräftig, durchtrainiert. Sie nimmt Kalila in die Arme wie eine große Puppe. »Komm. Sie braucht einen Arzt.« Sein Rücken brennt. Die Stacheln der Dornen stecken noch unter der Haut. Er ist benommen. Auch seine Stirn fühlt sich heiß an. Er ist dankbar, dass er für kurze Zeit seine Last mit jemandem teilen kann. Er trottet hinter der groß gewachsenen Frau her, die seine Schwester trägt. Nach einer Stunde machen sie Halt. Sie wechseln sich ab. Er fühlt sich ein wenig kräftiger. Nun übernimmt er wieder den schmächtigen glühenden Körper seiner Schwester. Der Verband am Unterschenkel sieht übel aus. Blutig. Verdreckt. Zahira hilft ihm. Sie hilft ihm, seine Schwester zu tragen. Sie hilft ihm zu überleben. In der Morgendämmerung erreichen sie das Dorf. Zahira kennt sich hier aus. Es gibt keinen Arzt mehr. Aber ein alter Mann, der nicht mit den anderen geflohen ist, reinigt notdürftig Kalilas Bein. Legt Kräuter auf die Wunden, zerreißt ein Laken für einen frischen Verband. Ohne Zahira hätten sie nicht überlebt. Einmal hat er sie lachen gesehen. Als Kalila kurz aus ihrem fiebrigen Zustand aufwachte und fragte, ob sie eine Dschinnīya sei. Da hatte sich die linke Augenbraue mit der großen Narbe darüber nach oben geschoben. Das Lachen stand ihr gut, fand Rami. Er hatte nicht gefragt, woher die Verletzung über dem Auge stammt. Ohne Zahira würde er jetzt nicht durch den Schnee stapfen und Menschen begleiten, die eine Frauenstatue von Haus zu Haus tragen. Zahira hatte den Schlepper aufgetrieben, der sie bis ans Meer brachte, zu einem der Boote, die unterwegs waren an die griechische Küste. Nach der Landung auf einer der Inseln brachten Helfer Kalila in ein Sanitätszelt, später ins Krankenhaus. Er blieb bei ihr. Er hatte sich nicht einmal richtig von Zahira verabschieden können. Sie war mit den anderen in ein Lager weitergezogen.

Wir suchen eine warme Kammer für eine Mutter und ihr Kind,
die ausgewiesen in den Jammer und überall vertrieben sind.

Die dritte Station des »Frautragen« an diesem Marienfeiertag ist erreicht. Die Zwölfjährige hält die Statue in den Händen, sagt ihren Spruch. Wie schon auf den beiden vorigen Höfen warten die Bauersleute samt Familie und Nachbarn vor dem Haus. Der Hof ist groß. Die Fassade wirkt modern, aus hellem Holz gebaut. Neben dem Haupthaus erstreckt sich ein lang gezogenes Gebäude, der Stall mit Kühen und Alpakas. Gleich dahinter prunkt die neu errichtete Reithalle. Auf der anderen Seite des Areals erkennt Rami das alte Bauernhaus. Es schaut baufällig aus. Am Balkon im ersten Stock fehlen die Streben. Die Familie bittet die Frauträgergruppe ins große neue Haus. Die helle Tür steht weit offen. Die Bäuerin, Anfang 40, kommt auf Rami zu, reicht ihm die Hand. I bin die Camilla. Da drüben steht mein Mann, der Sepp. Und das sind unsere Kinder, die Constanze und der Kiril. Ein Schild neben der Eingangstür weist den Hof als Bio-Betrieb aus. Rami würde lieber wieder im Freien bleiben, aber Camilla hat ihn am Arm gefasst, nimmt ihn mit ins Innere. Die Stube ist hell, großzügiger angelegt als die beiden, die er heute schon gesehen hat. Die Marienstatue hat auf einem Glastisch neben dem Kachelofen Platz gefunden. Ein angenehmer Duft breitet sich im Raum aus. Rami bemerkt neben der Madonnenstatue kleine Schalen mit Kräutern. Rauch steigt aus den Gefäßen auf. Die Kinder legen Blumen auf den Glastisch, begrüßen die Gottesmutter mit immergrünen Ranken und Lilienblüten als Gast im Haus. Damals in Bethlehem wurde ihr, gemäß biblischer Überlieferung, Aufnahme und Herberge verwehrt. In diesem Haus stehen die Türen offen.

Maria ist's, die Süße, die Lilie auserwählt … die zehn Sängerinnen und Sänger des Chores heben mit dem alten Lied an, einige andere am Tisch stimmen mit ein.

Sepp bringt seine Gitarre, spielt ein paar Akkorde als Einleitung. Dann singt er mit seiner Familie und den Nachbarn *We shall overcome*. Die meisten im Raum singen mit. Auch Rami. Er kennt das Lied aus dem Internet. Die Brote, die herumgereicht werden, schmecken köstlich. Camilla Vorderleitner hat sie am Morgen frisch gebacken. Der Kräuteraufstrich kommt aus der eigenen Produktion am Hof. Rami lässt immer wieder verstohlen seine Augen durch das große Wohnzimmer gleiten. Er sucht eine Darstellung des gemarterten Menschensohnes am Kreuz, wie er sie in den anderen Stuben angetroffen hatte. Der sogenannte Herrgottswinkel, wie ihm Lotte erklärte. Er findet kein Kreuz in diesem Raum. Die letzten Brote werden gereicht, die Teller abgeräumt. Es ist Zeit aufzubrechen. Die Hausherrin geht zum Glastisch. Sie streut eine weitere Handvoll Kräuter in die Schale. Rami steigt ein Duft von Wacholder in die Nase. Dann nimmt Camilla behutsam die Marienstatue auf, kommt an den Tisch, stellt sie vor Rami ab. Wir würden uns alle freuen, wenn du jetzt die Jungfrau ein Stück des Weges trägst. Lotte und ich begleiten dich an der Spitze des Zuges. Er weiß nicht, was er sagen soll. Er ist Moslem. Flüchtling. Ein Fremder in diesem Land. Von manchen verachtet, das hat er auch heute wieder gespürt. Und jetzt laden ihn diese Menschen ein, eine Statue ihrer Gottesmutter durch die allmählich aufkommende Winterdämmerung zu tragen, auf der Suche nach der nächsten gastlichen Stätte. Er spürt, wie seine Augen feucht werden. Die Hände schwitzen. Er blickt ängstlich in die Runde. Andrea nickt ihm zu, auch Lotte. Vorsichtig legt er seine Hände um die Holzstatue. Nicht einmal einen halben Meter ist sie groß, diese Frau mit der Rose an der Brust und dem liebevollen Blick. Er hebt sie hoch. Sie ist leicht. Viel leichter als seine ohnehin schmächtige Schwester. Vorsichtig steht er von seinem Platz auf. Die Sängerinnen an seiner linken Seite treten zurück, machen den Weg frei. Er geht langsam bis zur Tür, wartet, bis Camilla und Lotte neben ihm sind. Dann setzt er seinen Fuß über die Schwelle hinaus in den Flur.

Der Gang ist leer, hier sind keine Bänke aufgestellt. Die meisten haben in der großen Stube Platz gefunden, einige sind aus eigenem Antrieb im Freien geblieben. Die Haustür ist verschlossen. Er geht langsam, hält die Frau mit beiden Händen vor seiner Brust. Camilla öffnet ihm die Haustür. Er tritt hinaus. Er sieht einige der Leute, die seit Beginn den langen Weg mit gegangen sind. Aber sie sind nicht an den Stehtischen auf dem Platz vor dem Eingang. Sie bilden ein kleines Häuflein zusammengedrängter Menschen unter dem Balkon des alten Bauernhauses. Dann sieht er die anderen. Sie tragen dicke schwarze Overalls. Hinter den Klarsichtscheiben der Helme sind nur die Augen zu erkennen. Sie richten Waffen auf ihn.

Fallen lassen!

An der äußeren Seite des langen Stallgebäudes stehen zwei dunkle Polizeiwagen.

Fallen lassen!

Er weiß nicht, was die maskierten Männer meinen. Er hebt zögernd die Statue ein wenig in die Höhe.

FALLEN LASSEN! Nun wird der Befehl gebrüllt.

Nein. Er hat seine Schwester kilometerweit getragen und sie nicht fallen gelassen. Selbst beim Sturz am Rand des Bachbettes hat er darauf geachtet, dass ihr kein Leid geschah. Er hat Kalila nicht ausgelassen, schützend die Arme um sie geschlungen. Er würde auch diese Frau nicht fallen lassen. Niemals! Mögen sie ihn dafür erschießen. Er dreht sich langsam zur Seite und legt den kleinen Frauenkörper behutsam in Camillas Arme. Er sieht das Entsetzen in ihren Augen. Er nimmt Lottes Fassungslosigkeit wahr. Er spürt das Erschrecken der anderen, die mit ihm aus dem Haus getreten sind. Er selber ist am wenigsten überrascht. Kein Schuss ist gefallen. Er hebt langsam die Hände über den Kopf. Zwei der Männer im schwarzen Schutzanzug eilen auf ihn zu, reißen ihn an den Armen mit fort. Die anderen halten die Waffen im Anschlag, bis er im Polizeiwagen verstaut ist.

Merana ist erstaunt, als er den Namen der Anruferin am Handydisplay ausmacht.

Andrea Lichtenegger. Zuletzt hat sie sich Anfang Oktober gemeldet. Hallo, Andrea, das ist aber eine erfreuliche Überraschung. Wo bist du? Ihre Stimme klingt aufgeregt, ein wenig gepresst. Ich bin auf dem Land, bei meiner Schwester. Merana hat Andreas Schwester Lotte vor gut einem Jahr bei einer Benefizveranstaltung kennengelernt. Dass Andrea in Salzburg weilt, verwundert ihn. Er hat sie in Wien vermutet. Normalerweise meldet sie sich, wenn sie heimkommt. Ihn verbindet viel mit der jungen Kollegin. Aus einer flüchtigen Romanze ohne Zukunftsaussicht ist eine innige Freundschaft geworden. Was ist passiert, Andrea? Er hört sie tief Luft holen. Ich bin eben Zeugin geworden, wie die Sondereinheit einen syrischen Asylsuchenden einkassiert hat, einen von Lottes Schützlingen. Auf einem Bauernhof, mit einer Marienstatue in der Hand. Sie schildert ihm in knappen, präzisen Worten den Vorfall. Abermals ist Merana verwundert. Normalerweise wird der Chef der Salzburger Kriminalpolizei über eine derartige Aktion informiert. Doch seit Stockholm liegen die Nerven blank. Ich habe versucht, mit den Kollegen zu reden. Ärger klingt jetzt in ihrer Stimme durch. Aber die haben mich eiskalt abblitzen lassen. Eine Sauerei. Ich bitte dich, Martin, deine internen Beziehungen zu nutzen. Vielleicht kannst du eruieren, was da los ist.

Er verspricht es. Er würde versuchen nachzustoßen. Auf inoffiziellen Wegen. Und sie dann zurückrufen.

Am Biobauernhof Vorderleitner summt es wie in einem Wespennest. Dazwischen sind zornige Stimmen zu hören wie von aggressiven Hornissen. Camilla ist wütend. Sie vermag ihre Aufgebrachtheit kaum zu bändigen. Was erlaubt sich die Polizei? Ohne Ankündigung in ihr Anwesen einzudringen? Bewaffnet bis an die Zähne. Wo sind wir denn hier? In einer Militärdiktatur? In einem Polizeistaat? Ist dieser Übergriff überhaupt gesetzlich gedeckt? Sie würde sofort eine Freundin von Amnesty International anrufen. Und warum habt ihr uns nicht gewarnt? Sie faucht die Leute an, die sich im Freien aufgehalten hatten. Es ist alles so schnell gegangen, sagt einer der Männer. Wir haben sie gar nicht gehört. Auf einmal waren sie da. Ein Offizier hat uns befohlen, augenblicklich zum alten Bauernhaus hinüberzugehen und uns ruhig zu verhalten. Wo bringen sie ihn hin? In Lottes Stimme bebt die Angst. Sie kämpft

158

mit den Tränen. Andrea beruhigt sie. Ich habe mit Martin telefoniert. Er gibt uns Bescheid. Einige haben es immer schon gewusst. Flüchtlinge im Ort bringen nur Probleme. Sie seien von Anfang an dagegen gewesen. Gut, dass endlich durchgegriffen wird. Widerspruch wird laut. Das Zischen der Hornissen schwillt an. Sepp hält Camilla zurück. Alle hier seien Gäste. Jeder hat das Recht, seine Meinung zu sagen. Ein Ehepaar springt auf. Uns reicht es! Danke für die Brote. Und den Wein. Andere schließen sich an. Die Mehrheit bleibt. Aber die Stimmung ist angespannt. Ratlosigkeit in den Gesichtern. In manchen Verzweiflung. In einigen Zorn. Auf die Fremden. Auf die Scherereien.

Was ist jetzt mit der Gottesmutter? Die Stimme des kleinen Mädchens ist leise. Piepsig. Aber sie durchdringt das Surren. Camilla hebt den Kopf. Lotte wischt sich Tränen aus den Augen. Die meisten halten inne. Ja, was ist jetzt mit der Gottesmutter? Auf die haben sie vergessen.

Sie haben ihn in ein großes Gebäude gebracht. Uniformierte bewachen die Eingänge. Mit umgehängten Maschinenpistolen. Sie verhören ihn, zwei Männer in Zivil. Er erzählt ihnen alles, was er weiß. Und das ist wenig. Er hat sie heute früh sofort erkannt, auf den Bildern von CNN. Bei den Anschlägen in Stockholm sind gestern 52 Menschen getötet worden. Sie war eine der Selbstmordattentäterinnen. Er hätte gar nicht den Namen lesen müssen, er hat sie auch so erkannt. An der Narbe über der linken Augenbraue. Sie hat sich in einem Restaurant in die Luft gesprengt. Neun Tote, 23 Ver-

letzte. Zwei davon schweben in Lebensgefahr. Er hat
sie seit sieben Monaten nicht mehr gesehen. Zuletzt im
Lager auf der griechischen Insel. Und da nur für ein
paar Stunden. Er wollte ihr Geld geben, als Dank für die
Hilfe. Sie lehnte ab. Da schenkte er ihr sein Lieblings-
buch. Es war das Einzige, was er in der Tasche mitgenommen hatte, außer den 4.000 Dollar und den Doku-
menten. Eine schmale Ausgabe von 1001 Nacht. Er hat
es vor vielen Jahren von seinem Großvater bekommen.
In einem besseren Leben. Die Polizei in Stockholm fand
das Buch bei der Durchsuchung von Zahiras Wohnung.
Er hatte ihr eine Widmung hineingeschrieben, mit seinem Namen.

Sie überprüfen seine Angaben. Lassen ihn allein,
zusammen mit dem Uniformierten neben der Tür. Er
trinkt ein wenig von dem Mineralwasser, das sie ihm
hingestellt haben. Sie kommen wieder, stellen Fragen,
verschwinden erneut, kehren nach einer Weile zurück.
Er nennt einige Male Lottes Namen, aber sie reagieren
nicht darauf. Lotte kümmert sie nicht. Ihr ausschließli-
ches Interesse gilt Zahira. Und seiner Verbindung zu ihr.
Er weiß nichts über sie. Außer, dass sie sein Leben rettete
und das seiner Schwester. Sie waren nur vier Tage zusammen. Er kannte nicht einmal ihren Nachnamen, bis er
ihr Bild heute auf der CNN Seite entdeckte, zusammen
mit den Gesichtern der anderen Attentäter. Ein weiterer Beamter kommt in den Raum, flüstert den anderen
etwas zu.

Daraufhin verlassen alle drei das Verhörzimmer. Nur
der Uniformierte bleibt zurück.

Rami ist erschöpft. In seinem Kopf breitet sich Wüste

aus, eine Schlucht ohne Boden in seinem Herzen. Das Mineralwasser ist getrunken. Er bittet den Polizisten an der Tür um neues. Der Beamte ordert eine weitere Flasche.

Nach einer Stunde lassen sie ihn frei. Er konnte ihnen nichts mehr erzählen. Der Uniformierte begleitet ihn hinaus. Er ist etwas älter als Rami. Sein Kinn wirkt gestrafft, aber seine Augen blicken freundlich.

Auf dem Parkplatz erwarten ihn Lotte und Andrea. Und ein Mann, den er noch nie gesehen hat. Er stellt sich vor. Guten Abend, ich bin Kommissar Martin Merana. In der Sekunde, da Lotte ihn mit tränennassen Wangen an sich drückt, trifft die Gottesmutter auf dem Prangerhof ein. Dort erhält sie Herberge. Für die Nacht. Für die kommenden Tage.

Er hat sich auf die Rückbank gesetzt zu Lotte. Andrea lenkt den Wagen. Lichter huschen an ihm vorbei. Hell erleuchtete Auslagen. Blinkende Girlanden und Sterne. Weihnachtsleuchten.

Er denkt an die vielen Toten. In seiner Heimat Syrien. In Paris, Istanbul, London, Madrid, Jakarta, Burkina Faso … und jetzt auch in Stockholm. Er trauert um sie.

Er trauert auch um Zahira. Zahira, die sein Leben rettete und das seiner Schwester.

Und die ihr eigenes so wenig schätzte, dass sie es auslöschte, um damit zugleich das Leben anderer zu vernichten. Das Leben von Männern, Frauen, Kindern. Brutal. Blutig. Sinnlos. Zum Schreien unerklärlich.

Dann denkt er an seine Schwester. Die er getragen hat. Einen ganzen Tag und eine ganze Nacht. *Frautragen.* Im Granathagel der IS.

Er hofft, Kalila morgen besuchen zu können. Sie ist immer noch sehr geschwächt von ihrer Beinverletzung. Seit zehn Tagen liegt sie im Spital. Verdacht auf Lungenentzündung. Aber es geht ihr schon besser. Vielleicht darf sie vor Weihnachten noch heim.

Heim?

Er weiß nicht, wo das ist. Aber ein wenig Wärme berührt sein Herz.

Auf dem Prangerhof ist es finster. Nur in der Küche flackert noch Kerzenlicht. Die Hausfrau legt ein paar Blätter vor Maria hin, gleich neben dem Fenster.

Blätter von Rosen und von Lilien.

Da haben die Dornen Rosen getragen,
Kyrie eleison.
Als das Kindlein durch den Wald getragen,
da haben die Dornen Rosen getragen ...

GLÜHWEIN, MORD UND GLORIA

Ein weihnachtliches Dramolett in drei Akten,
einer forensischen Zwischeneinlage
und einem Nachspiel in Prosa

*

1. Akt

Schauplatz ist der »Hellbrunner Adventzauber«. Das
altehrwürdige Lustschloss Hellbrunn mit seinem vielge-
staltigen Ambiente erstrahlt in weihnachtlichem Glanz.
Hell beleuchtete Verkaufshütten säumen die weitläufige
Schlossauffahrt, über die einst die Salzburger Fürsterz-
bischöfe samt Gefolge mit ihren Kutschen ins Schlossareal einzogen. Besucher aus aller Welt tummeln sich an
den verschiedenen Ständen, bewundern Holzspielzeug
und Kunstwerke aus Glas, erfreuen sich an Weihnachts-
sternen und Schafwollsocken, zeigen einander lachend
Keramikteller und zierliche Engel aus Wachs. Die mit
Lichterketten dekorierten Buden prägen auch das strah-
lende Bild des malerischen Schlosshofes. Auch das Römi-
sche Theater am Eingang zu den berühmten Wasserspie-
len ist geschmückt mit leuchtenden Christbäumen. Die
steinernen Figuren, die Tritone und Götterstatuen, die
Kuppen der Marmorgeländer tragen wattige Hauben aus

glitzerndem Schnee. Die prächtige, von Scheinwerfern erhellte Schlossfassade zeigt sich als überdimensionaler Adventkalender. In den geöffneten matt erhellten Fenstern schimmern Zahlen von 1 bis 23. Die Fensterläden mit der Zahl 24 sind noch verschlossen. Auf der großen Freitreppe, die zum Schlosseingang führt, stehen acht Posaunenbläser. Sie intonieren mehrstimmig »Fröhliche Weihnacht überall«. Inmitten der dicht gedrängten Besucherschar nähert sich Polizeipräsident Hofrat Günther Kerner im Schlepptau seiner Gattin Eleonore einem Stand mit handbemalten Glaskugeln.

Polizeipräsident Kerner (im inneren Monolog, unterbrochen von gelegentlichen laut geäußerten Einwürfen) *... nein, bitte nicht auch noch die Glaskugeln, wir haben doch schon so viele aus den vergangenen Jahren ... unser Haus ist ein einziges Kugellager, vom Keller bis zur Dachterrasse ... ich meine, schön sind sie schon, das bestreitet ja keiner, aber Kugeln an allen Fenstern, an den Wohnzimmerwänden, an den Treppenaufgängen, an den Lampenschirmen, an der Klotür, das ist doch ein bisschen ...*

Ja, Eleonore, die beiden türkisgrünen finde ich auch sehr hübsch ... ja, wenn du meinst, dann lass dir doch lieber die roten einpacken ... wie? ... natürlich kannst du auch beide nehmen, ganz wie du willst ...

... damit wäre dann, wenn ich es richtig im Kopf habe, unser Bestand angewachsen auf insgesamt elf rote und neun türkisfarbene ... halt! nur acht türkisfarbene, die

*eine am Küchenfenster ist mir ja beim Aufhängen runter
gefallen … und dann noch die vielen goldenen, silbrigen, nachtblauen, orange gemusterten …*

Aber natürlich, mein Schatz, die mit den Anthrazittö-
nen und dem graziösen Arabeskenmuster nehmen wir
auch noch …

*… und dann wird es allerhöchste Zeit für einen Glühwein,
einen Punsch, ein Glas Champagner oder wenigstens
einen Adventkaffee in der Orangerie, seit einer Stunde
trotten wir schon von Stand zu Stand, von den Hinter-
glasbildern bis zu den Krippenfiguren, von den gestickten
Weihnachtsservietten bis zu den Winterteevariationen,
und ich habe noch nicht einmal eine halbe Maroni geges-
sen, geschweige denn an einem Punschglas genippt …*

… selbstverständlich, Eleonore, war es eine wunderbare
Idee von dir, heute herzukommen, wo alles so schön ver-
schneit ist … ja, ich höre die Posaunenbläser auch, so
wie jedes Jahr erfreuen sie uns mit ihrem ergreifenden
Spiel … ach, das sind heuer andere? … aber die spielen
auch hervorragend … und da drüben am Glühweinstand könnten wir den Klang noch viel besser hören…
wie meinst du? … Duftkerzen? haben wir keine mehr …
Naja, dann besorgen wir halt welche … Nein, das macht
mir nichts aus … Wohin? … zum Flackner, der hat die
schönsten … wunderbar, ja, ich folge dir …

*… dann also noch zwei Festmeter Duftkerzen … gut,
dass wir die zwölf hölzernen Eisenbahnwaggons für*

die Enkelkinder schon am vorigen Wochenende besorgt haben, sonst hätte ich den Anhänger mitnehmen müssen ... aber hallo, ist das nicht der Latolny? ... natürlich ... den hat wahrscheinlich auch seine Frau hergeschleppt ... vielleicht hat er auch dienstlich hier zu tun ...

Hofrat Latolny (neben seiner Frau Iwana am Duftkerzenstand stehend, im inneren Monolog, unterbrochen von gelegentlichen laut geäußerten Einwürfen)
... wozu brauchen wir drei Dutzend Duftkerzen? ... was das wieder kostet! ...
wahrscheinlich verschenkt sie die Hälfte ohnehin an ihre Mutter und ihre dämlichen Freundinnen aus dem Fitness Club ... ah, wenn ich mich aufrege, bekomme ich noch ärgere Magenschmerzen ... ich hätte das blöde Chili con carne nicht essen sollen ... so, sind wir jetzt endlich ...? nein, noch immer nicht ... der Flackner hat heute Sonderangebote, zwölf Kerzen zum Preis von zehn ... verstehe, da müssen wir zugreifen ... he, ist das nicht der Kerner, der da hinter seiner Frau hertrottet? ... der hat mir gerade noch gefehlt! der wird mich wieder von oben bis unten vollquasseln, mit seinen idiotischen Zitaten ... vielleicht können wir noch schnell entwischen ... nein, können wir nicht mehr! Zu spät!

Polizeipräsident Kerner
Schau Eleonore, da vorne an der Kerzen-Hütte steht der Doktor Latolny mit seiner Gattin ... (laut, um das weihnachtliche Getöse aus Stimmengewirr und Posaunenklang zu übertönen) Hallo, Gebhart! Grüß Gott,

gnädige Frau! Na das ist ja eine Überraschung, euch hier zu sehen!

Hofrat Latolny
... auf diese Überraschung hätte ich gerne verzichtet ... ich kann den Wichtigtuer nicht ausstehen ...
Ja da schau her, der liebe Günther und in charmanter Begleitung seiner reizenden Gattin, küss die Hand ...
(alle vier begrüßen einander, die Damen tauschen flüchtig hingehauchte Küsschen, die Herren stellen prall gefüllte Taschen in den Schnee, um die Hände zum Schütteln frei zu bekommen)

Polizeipräsident Kerner
... im Grunde mag ich den Kerl nicht, und seine wasserstoffblondierte Fregatte noch weniger, aber ich muss die Gelegenheit beim Schopf packen, sonst schleppt mich Eleonore noch eine Stunde durch das Gedränge ...

Mein lieber Gebhart, verehrte Frau Iwana, darf ich diese unerwartete, aber umso erfreulichere Begegnung dazu nützen, euch auf einen Becher Glühwein einzuladen? Wie sagt unser guter Friedrich Schiller so trefflich: Wundervoll ist Bacchus' Gabe, Balsam fürs zerriss'ne Herz. Ich füge hinzu: Auch gegen kalte Füße nehme ich gerne Bacchus' Geschenk, wenn es nur kräftig dampft!
(stimmt ein kräftiges Lachen an, drei in der Nähe befindliche Asiaten drehen sich erschrocken um)

Auf der großen Freitreppe vor dem Schlosseingang gesellen sich Chorsänger zu den Posaunisten. Alle zusammen stimmen die weihnachtliche Weise »Kommet, ihr Hirten« an.

Christoph Trippelstätter (bedient am Glühweinstand drei Italienerinnen, summt den Text des Weihnachtsliedes mit …)
… Kommet, ihr Hirten, ihr Männer und Frau'n … alora, ragazze, alla vostra salute!
… kommet, das liebliche Kindlein zu schau'n …

Wer kommet da? Ich trau meinen Augen nicht! Das darf doch nicht wahr sein! Der Latolny!!! Hat die Frechheit und erscheint hier an meinen Stand? … Und was hat er da für sonderbare Leute dabei? Den Dicken kenne ich, das ist irgendein höheres Tier von der Polizei …

Polizeipräsident Kerner (schiebt seinen massigen Körper zwischen die elegant gekleideten Besucherinnen aus Verona und ein Pongauer Ehepaar im Lodenmantel)

Christoph Trippelstätter
… was ist denn das für ein Komiker? …
Viermal Glühwein, kommt sofort …

Hofrat Latolny (beobachtet mit süffisantem Lächeln den Glühweinverkäufer bei seiner Tätigkeit)
… hehe, würde gerne wissen, was der Trippelstätter jetzt hinter seiner verbissen freundlichen Visage denkt … kann mir im Grunde schnurzegal sein … gäbe es einen anderen Glühweinstand, hätten wir vielleicht

den angesteuert, aber es ist ja nur der eine zugelassen …

Danke, lieber Günther, für die Einladung. Na dann, zum Wohl! Und frohe Weihnachten, jetzt ist es ja bald soweit …

Ein Schnaps wäre mir lieber … ah, ich hätte das Chili nicht essen sollen, das liegt mir wie ein Stein im Magen …

Polizeipräsident Kerner (hebt den Becher, deutet ein Prosit in die Runde)
Es ist immer wunderbar, in der Gesellschaft netter Menschen sein Glas zu heben!
    (Von der Treppenempore mit den Sängern und Posaunisten ertönt »O du fröhliche, o du selige«)
    Auf euer Wohl!
    (alle vier trinken)
    … oh, diese Bacchusgabe schmeckt gar nicht schlecht. Da werden wir uns wohl noch einen zweiten Becher gönnen … was hat der Glühweinverkäufer? Warum fixiert der andauernd den Latolny? Und was soll dieser verschlagene Blick …?
    (trinkt aus)
    Junger Mann, da ist Luft in meiner Schale, sorgen Sie dafür, dass die sofort entweicht …

Christoph Trippelstätter
Bitte sehr, der Herr, wird schon erledigt … (schenkt ein) die Damen haben auch noch …?

Polizeipräsident Kerner (nimmt den gefüllten Becher, will trinken ...)
... was ist auf einmal mit dem Latolny los ... warum schaut der so merkwürdig ...?

Gebhart? Ist dir nicht gut? ... Gebhart?!!!

Hofrat Latolny
Ahhrggg ... greift sich schmerzverzerrt an die Brust, ringt nach Luft, kippt zur Seite, sackt auf den Boden

Polizeipräsident Kerner
Gebhart!!!

Iwana Latolny
Schatz!!!

Polizeipräsident Kerner lässt sich auf die Knie fallen, greift nach den oberen Jackenknöpfen des Röchelnden, reißt das Kleidungsstück auf, tastet nach dem Herzen.
Einige der Besucher weichen erschrocken zurück. Ein vielstimmiger Aufschrei macht sich unter den Umstehenden breit. Das Röcheln verstummt. Iwana Latolny presst, die Augen geweitet, ihre Hand mit den rot lackierten Nägeln auf den geschminkten Mund. Der Polizeipräsident hebt den zu Boden gefallenen Becher auf, riecht daran. Sein Blick richtet sich schräg nach oben auf den ebenfalls erschrocken wirkenden Glühweinverkäufer.
»Freue dich, freue dich ...« schallen die Stimmen der Chorsänger von der Marmortreppe, ehe die Musiker endlich des Entsetzens der aufgebrachten Menge in der

Mitte des Platzes gewahr werden. Sie brechen ab. Das »o Christenheit« bleibt ungesungen.

Der Polizeipräsident holt das Handy aus der Tasche, wählt die Nummer des Diensthabenden seiner Kriminalabteilung.

*

2. Akt

Schauplatz ist die Bundespolizeidirektion Salzburg in der Salzburger Alpenstraße. Im Verhörraum E27 sitzt der Glühweinstandbesitzer Christoph Trippelstätter an einem großen Metalltisch. Die Oberfläche der Tischplatte zieren feuchte Abdrücke von den schwitzenden Händen des Schankwirtes. An der Wand neben dem Eingang hängt in schiefer Haltung ein billiger Adventkalender. 23 Türchen stehen offen. Neben der Tür hat sich ein uniformierter Beamter postiert. Er schweigt. Ab und zu gleiten seine Augen zu den gezeichneten Spielzeugbildern, die sich hinter den geöffneten Adventkalenderfenstern zeigen.

Christoph Trippelstätter (im inneren Monolog, unterbrochen von gelegentlichen laut geäußerten Einwürfen) *… es ist gleich sieben … die Probe beginnt um halb zehn … wenn ich da zu spät komme, dann lässt mich der Gustav das Gloria nicht singen … eine Katastrophe …*

Entschuldigung, können Sie mir sagen, wie lange ich da noch warten soll?

Der Uniformierte löst den Blick von den Kalenderbild-chen und schüttelt den Kopf.

... das ist wieder typisch ... einen rechtschaffenen Steuer-zahler schmoren lassen ... und dafür den allmächtigen Beamtenbonzen herauskehren ...

Ich habe heute nämlich noch einen dringenden Termin! Ich verstehe sowieso nicht, was ich hier soll. Ich habe mit dem bedauerlichen Vorfall nicht das Geringste zu tun.

Er nimmt seine feuchten Hände von der Tischplatte und steht auf. Der Uniformierte gibt ihm unmissverständlich zu verstehen, sitzen zu bleiben. Der Glühweinstandbe-sitzer gehorcht. Er holt ein Taschentuch aus der Jacke und wischt sich die nassen Finger ab. Sein Blick fällt auf die quadratische Uhr an der Wand.

Verdammt, schon zehn nach sieben! ... Jetzt hat der Gustav die Generalprobe heute extra so spät angesetzt, damit alle, die noch bis abends arbeiten müssen, auch wirklich kommen können, und ich sitze hier blöd bei den Kieberern rum! ... Was kann ich dafür, dass der hinter-fotzige Latolny ausgerechnet an meinem Stand aus den Galoschen kippt ... Was für ein beschissener Tag! Und ich habe mich auf den Abend gefreut ... Keiner hat mir zugetraut, dass ich das große Solo im Gloria auch tat-sächlich hinbringe ... Aber ich habe verbissen geprobt! Wochenlang. Was habe ich auf den Gustav eingeredet, dass er es mich versuchen lassen soll! Dann hat er end-lich bei der vorletzten Probe eingewilligt ... und jetzt? ...

*Ich darf auf keinen Fall zu spät kommen, sonst bekommt
doch noch der Glimmy das Solo! Das wäre eine Katastrophe! Glaubt der tatsächlich, ich hätte nicht spitz bekommen, wie er seit Wochen versucht hat, der Hanni schöne
Augen zu machen?*

*Und als der Gustav entschieden hat, doch mir das Solo
anzuvertrauen, da hat die Hanni auf einmal so ein war-
mes Strahlen in den Augen gehabt ... und mich angeschaut ...*

Er blickt wieder mit verzweifelter Miene zur Wand. Die
Uhr zeigt 19.23.

Die Tür wird geöffnet. Abteilungsinspektor Otmar
Braunberger betritt das Zimmer. Er nickt dem Unifor-
mierten freundlich zu. Daraufhin verlässt dieser den Raum.
Der Abteilungsinspektor stellt dem Weihnachtsbuden-Be-
treiber eine Flasche Mineralwasser und einen Becher hin.
Dann nimmt er auf der anderen Seite des Tisches Platz.

Abteilungsinspektor Braunberger
Sie haben in der ersten Einvernahme durch die Kollegen am Tatort ausgesagt, dass Sie den Toten kannten.
In welcher Beziehung standen Sie zu Hofrat Dr. Gebhart Latolny?

Christoph Trippelstätter
*... will mich der verarschen? ... die wissen doch, dass der
Latolny der Leiter des Städtischen Marktamtes ist ... und
die Zulassungen für die Stände auf allen Weihnachtsmärkten erteilt ...*

Na in amtlicher Beziehung, Herr Inspektor. Der Herr Hofrat steht dem Marktamt vor. Das genehmigt meinen Glühweinstand und bestimmt die Pachtgebühr.

Abteilungsinspektor Braunberger
Gab es Probleme mit der Zulassung für Ihren Stand?

Christoph Trippelstätter
... ob es Probleme gab? ... Und ob! Dieses hinterhältige Arschloch hat sich Jahr für Jahr von mir schmieren lassen, damit meine Genehmigung verlängert wird ...
und jetzt soll auf einmal alles anders sein ... aber wenn ich das dem vorwitzigen Bullen geeilt sind), und ich kann mir die Chorprobe in die Haare schmieren ...

Nein, meine Bescheinigung für diese Saison wurde zeitgerecht ausgestellt, und ich habe auch fristgerecht meine Abgaben entrichtet ... Hören Sie, Herr Inspektor, ich bedaure ja zutiefst, dass der Herr Hofrat offenbar einem Herzversagen erlegen ist, und das ausgerechnet an meinem Stand. Aber dafür kann ich doch nichts! Wäre der Herr Marktamtsleiter zum Käsestand gegangen oder zu den Glaskugeltandlern, hätte ihn das Schicksal vielleicht dort ereilt ...

Abteilungsinspektor Braunberger
Woher nehmen Sie an, dass es ein Herzversagen war?

Christoph Trippelstätter (hält kurz irritiert inne. Ein Blick zur Uhr verdeutlicht ihm, dass die Zeiger bereits auf 19.41 geeilt sind)

Aber dass der Herr Hofrat eine Herzschwäche hat …
also hatte … das war doch bekannt …

Abteilungsinspektor Braunberger
Gibt es einen bestimmten Grund dafür, dass Sie immer
wieder zur Uhr blicken?

Christoph Trippelstätter
Und ob, Herr Polizeirat! Ich bin nämlich Mitglied des
Singvereins Salzburg Süd. Und wir führen heuer am
Christtag zum Hochamt eine neue Weihnachtsmesse
auf. Ich singe im Tenor und darf das Solo im Gloria
gestalten …
　　(singt) … Gloria in excelsis Deo et in terra pax hominibus …
　　Und wir haben in nicht einmal zwei Stunden Generalprobe!
Abteilungsinspektor Braunberger
Das ist bedauerlich für Sie, aber wir sind noch lange
nicht fertig!

Christoph Trippelstätter (zeigt wachsende Unruhe in
seinem Gesichtsausdruck)
… noch lange nicht fertig? Spinnt der Kerl jetzt total? …

Wie meinen Sie das?

Abteilungsinspektor Braunberger (zieht ein Blatt aus
seinen Unterlagen)
Uns liegt die Aussage eines Ihrer Kollegen vom Hellbrunner Weihnachtsmarkt vor.

Der Maronihändler Pankraz Glimmbach gibt zu Protokoll, Sie hätten sich ihm gegenüber vor drei Tagen dahingehend geäußert, dass Sie – ich zitiere – ›es dem Latolny, dieser ohdrahten gierigen Sau, schon noch heimzahlen würden!‹ Wie darf man das verstehen, Herr Trippelstätter?

Christoph Trippelstätter (nimmt eine Gesichtsfarbe an, die dem weißen Ziffernblatt der großen Uhr an der Wand ähnlich ist)
… der Glimmy, diese heimtückische Arschgeige …

Aber Herr Inspektor, das war doch nur so daher gesagt, weil ich mich halt kurz geärgert habe …

Abteilungsinspektor Braunberger
Worüber?

Christoph Trippelstätter
Ja weil der Latolny, … ich meine der Herr Hofrat, meine Zulassung für die kommende Saison nicht verlängert hat …

Abteilungsinspektor Braunberger
Warum nicht?

Christoph Trippelstätter
Ja wenn ich das wüsste … wahrscheinlich hat ihm ein anderer ein fetteres Bündel Euro in den Arsch geschoben als ich … dass man auf den Weihnachtsmärkten der Stadt nur zu den begehrten Standplätzen kommt,

*wenn man die offene Hand des Herrn Hofrat ordentlich
bedient, weiß doch ein jeder in der Branche … nur redet
halt keiner darüber, sonst ist er weg vom Futtertrog …*

Abteilungsinspektor Braunberger
Ich warte auf Ihre Antwort, Herr Trippelstätter …

Christoph Trippelstätter
*Da kannst du lange warten! Ich handle mir doch hier
kein Verfahren wegen »unbewiesener Beamtenverleum-
dung« ein …*
Keine Ahnung, warum ich keine mehr bekomme. Die
Genehmigungen werden von Jahr zu Jahr neu vergeben.
Bewerber gibt es viele. Das Amt muss keine Begrün-
dung anführen.

Abteilungsinspektor Braunberger
Dass Sie den Leiter des Marktamtes als »ohdraht«
bezeichneten, ist aufgrund der verweigerten Genehmigung aus Ihrer Sicht noch einigermaßen nachvollzieh-
bar. Aber wieso bezeichneten Sie den Mann auch als
»gierig«?

Christoph Trippelstätter
*Ja, weil er den Hals nicht voll bekommen hat, der Dreck-
sack!*
Ich kann mich an die genaue Formulierung nicht
mehr erinnern, Herr Inspektor. Vielleicht hat der Herr
Glimmbach mich auch falsch verstanden. Soviel ich mich
an unser Gespräch erinnern kann, frohlockte gerade
im Hintergrund ein 50-stimmiger Kinderchor, da ist

es schwer, das Gesagte in aller Deutlichkeit mitzubekommen.

*Verflucht, schon fast 20 Uhr! Ich muss zur Probe! Ich
muss das Gloria singen!*

Ich verstehe auch nicht, was Sie von mir wollen? Ich
habe doch zum Herzversagen des Herrn Hofrat nichts
beigetragen!

Abteilungsinspektor Braunberger
Das mit dem Herzversagen ist noch nicht erwiesen. Wir
ziehen auch andere Möglichkeiten für sein Ableben in
Betracht. Deshalb interessieren wir uns sehr für den
Glühwein, den Sie Hofrat Latolny in den Becher gegos-
sen haben.

Christoph Trippelstätter (nimmt nun eine Gesichtsfarbe an, die das weiße Ziffernblatt der großen Wanduhr an Bleichheit übertrifft)
Der Glühwein? Was soll mit dem gewesen sein?

Abteilungsinspektor Braunberger
Sagen Sie es mir …

Christoph Trippelstätter
*Herrgott, warum habe ich nicht gleich schneller geschal-
tet? Die haben ja vorhin den Becher, den der Latolny
fallen ließ, in eine Plastiktasche gesteckt …! Für irgend
so eine blöde CSI-Analyse … Daraus wollen die mir
einen Strick drehen …?!!*

Lieber Herr Inspektor, ich habe dem Latolny nichts in den Glühwein getan! Wie hätte ich das denn machen sollen? Ja, ich war stinksauer auf diesen Gauner! ... Ich meine, auf den Herrn Marktamtsleiter ... aber getan habe ich nichts ... Ich muss zur Probe, mein Gloria-Solo wartet! Bitte glauben Sie mir ...!

Abteilungsinspektor Braunberger
(erhebt sich vom Tisch, schlichtet langsam seine Unterlagen und nimmt sie auf)
»Glauben«, lieber Herr Trippelstätter, ist eine Kategorie für die Kirche. Bei der Polizei geht es um Beweise. Er verlässt den Raum. Am Tisch bleibt der Glühweinstandbesitzer Christoph Trippelstätter zurück. Seine Haltung erinnert an einen entnadelten Christbaum vier Wochen nach dem Fest. Die Uhr an der Wand zeigt 20.11. Die Zeiger rücken unaufhaltsam vor. In seinen Gedanken zerschellen Melodiebögen wie splitternde Eiszapfen ... Gloria in excelsis Deo et in terra pax hominibus bonae voluntatis ...

*

Forensische Zwischeneinlage

Schauplatz ist die Salzburger Gerichtsmedizin. Vor einem großen Bildschirm sitzt die Leiterin des Instituts, Dr. Eleonore Plankowitz. Eben ist eine Nachricht eingetroffen. *Adventkalender 23.*

Absender ist Univ. Prof. Dr. Hademar Janukowsky, Leiter der Forensischen Psychiatrie an einer renommierten Wiener Klinik. Sie schicken einander regelmäßig verschlossene Nachrichten in Form von Adventkalenderfenstern zu. Die Fenster sind nur zu öffnen, wenn man den jeweiligen Schlüssel entziffern kann. Dieser Schlüssel ist ein mitgeliefertes Bild, das einen winzigen, schwer erkennbaren Teil der menschlichen Anatomie zeigt.

Eleonore Plankowitz (im inneren Monolog, später abgelöst von einer laut geäußerten Mitteilung)
Na was haben wir denn heute ...?

Sie klickt auf das Schlüsselfoto mit der Kennzahl 23. Das Bild wird größer.
Hmmm ... das ist raffiniert aufgenommen. Könnte der obere Teil einer Paukenhöhle sein. Allerdings sieht das Epitympanon etwas eigenartig aus ... Nein, ich glaube, der gute Hademar will mich da absichtlich in eine Falle locken ... aber wenn es nicht das Ohr ist ... dann kann es nur ...
(Die Augen der Gerichtsmedizinerin beginnen auffällig zu leuchten)
... ein Abschnitt des mittleren Nasenganges sein ... in der Sagittalebene ...
Hademar, oh Hademar, dein Weihnachtsrätsel wird mir klar ...
(ihre Finger tippen das Lösungswort in das vorgesehene Antwortfenster)

Hiatusseminularis

Das Foto auf dem Screen zerfällt, ein animierter Sternspritzer lässt Funken sprühen. Weihnachtliche Fanfa-
renmusik ertönt. Ein pulsierender Schriftzug formiert
sich.

Gratulation, liebe Eleonore! Bravourös wie immer!
Die Buchstaben verschwinden. Ein Fenster mit der Adv-
entziffer 23 geht auf. Ein Bild wird sichtbar. Es zeigt den
Querschnitt einer menschlichen Nasenmuschel, ver-
fremdet zu einem Rentiergeweih mit Mütze.

Ha, wusste ich es doch: der mittlere Nasengang führt
zur Lösung!
Ihre Finger huschen über die Tastatur. *Lieber Hademar, danke für die entzückende Concha nasalis im Ren-
tierlook. Hast du die CT mit Santa Claus gemacht? Ich
werde morgen mit dem Christkind kontern! Da wirst
du bis Neujahr zu kiefeln haben! Ho, ho ho! Bis dann!*
    Ein feines »Pling« ist zu hören. Es zeigt das Eintref-
fen einer neuen Nachricht an. Sie öffnet die Mitteilung
in einem weiteren Fenster. Ihre Augen huschen über
den kurzen Text. Dann greift sie zum Handy, wählt
eine Nummer.

Hallo, Otmar, der Glühwein war es nicht. Du kannst
ihn laufen lassen … Vielleicht doch ein Herzversagen …
Ja, das wünsche ich dir auch … kommt deine Schwester wieder mit Familie nach Salzburg? … ah, das wird
sicher wunderbar … bis bald, gute Nacht.

✳

3. Akt

Schauplatz ist die Pfarrkirche St. Barbara im Süden von Salzburg. Der Innenraum des frühbarocken Baus wird durchzogen von Geigen- und Bläserklängen. Dazu mischen sich Gesangsstimmen. Chorleiter und Orchesterdirigent Gustav Maler (nicht verwandt mit dem berühmten Namensvetter, leidet bisweilen mehr an der aus eigener Einschätzung mangelnden Genialität denn am fehlenden ›h‹ im Nachnamen) wirkt hektisch und gereizt. Er lässt den Mittelteil des *Kyrie* dreimal wiederholen. Dann ändert er die Reihenfolge und zieht das *Credo* vor. Mit dem *Et resurrexit tertia die* ist er sehr zufrieden, mit dem *et incarnatus est* weniger.

Er arbeitet minutenlang am Fis-Moll Akkord in Takt 82, bis die Intonation stimmt. Schließlich kann der Dirigent nicht mehr aus, er muss das *Gloria* proben.

Chorleiter Gustav Maler (klopft mit dem Taktstock gegen sein Dirigentenpult, augenblicklich kehrt Ruhe ein)
Es tut mir leid, wir können nicht mehr länger warten. Offenbar bleibt Christoph weiter verhindert. Pankraz, dann übernimmst du bitte das Solo.

Die Brust des Maronibraters wird um eine Spur breiter. Sein Zahnpastalächeln versucht, das Gesicht von Hanni zu erhaschen. Doch die Sopransolistin hat nur die große Eingangstür im Auge. Erneutes Klopfen des Taktstocks. Alle Blicke richten sich auf den Dirigenten.

Das Orchester bitte einen A-Dur Akkord. Danke! Ich gebe einen ganzen Takt vor. Achtung! Drei. Vier.

Er gibt den Einsatz. Das Orchester beginnt mit einem Tutti-Schlag. Dann setzen die Soprane ein, gefolgt von allen anderen. *Gloria. Gloria. In excelsis Deo ...*
Bei der Wiederholung von *Et in terra pax* führen die Bässe, sekundiert von den Altistinnen.

Pankraz Glimmbach (schaut auf die Trompeten, die setzen ein, zwei Schläge später beginnt sein Solo)
Laudamus te!
(die Celli und Oboen wiederholen die Phrase)
Benedicimus te!

Die große Eingangstür wird mit einem Ruck aufgerissen. Christoph Trippelstätter, der im Chor den Spitznahmen »Caruso« führt, stürzt herein. Er hastet auf die Musiker zu, die vor dem Hochaltar postiert sind. Bei Erscheinen des Tenorkollegen winkt der Dirigent ab. Der Chor verstummt. Die unaufmerksamen zweiten Geigen spielen noch einen halben Takt weiter. Christoph »Caruso« Trippelstätter baut sich vor dem Maronihändler Pankraz Glimmbach auf und versetzt dem verdutzten Tenorsolisten eine schallende Ohrfeige.

Christoph Trippelstätter
Des is dafür, dass du mi bei die Kieberer eingritten hast, du hinterfotziger Kollegenvernaderer!

Ein Teil der Soprane beginnt zu applaudieren. Der Percussionist lässt die Schlägel auf das Kunststofffell der großen Kesselpauke donnern.

Paukist Elmar Dreier
Sauber, Stofferl, wims eahm glei no oane!

Die Kontrabässe (nahezu unisono)
Lass dir nix gfallen, Glimmy! Hau z'ruck!
Der Dirigent hat alle Hände voll zu tun, die beiden Streithähne zu trennen.

Chorleiter Gustav Maler (energisch den Taktstock schwingend)
Aber Kinder, Kinder! Pax hominibus bonae voluntatis. Friede den Menschen, die guten Willens sind! Das singen wir andauernd. Dann haltet euch auch gefälligst daran!

Es dauert, bis wieder Ruhe einkehrt.

Pankraz, vielen Dank, dass du kurz eingesprungen bist. Jetzt kann ja der Christoph den Part wieder übernehmen. Achtung, wir beginnen von vorne. Drei, vier …

Das Orchester setzt ein. Im zweiten Takt eröffnen die Soprane mit einem Cis.
Der Glühweinstandbesitzer und rechtmäßige Tenorsolist konzentriert sich auf seinen Solopart ab dem *Laudamus te*. Bei der Phrase *Adoramus te*, legt sich Hannis Sopranstimme geschmeidig über die Trippelstätters. Die Solistin gewinnt rasch an Höhe und breitet dann ein

perlendes Netz an absteigenden Triolen für die Tongir-
landen des Tenors aus. *Gratias agimus, agimus tibi!* Der
halb abgedunkelte Kirchenraum ist plötzlich hell erfüllt
vom Leuchten in den Augen der beiden Solisten. Die
Klarinetten jubeln, der Chor jauchzt mit.

✻

Nachspiel in Prosa

Am Morgen des 24. Dezember erreicht eine anonyme
Nachricht die Journaldienststelle der Salzburger Kriminalpolizei. Abgeschickt von einem Faxautomaten am
Postamt des Salzburger Hauptbahnhofs. Der dienstha-
bende Beamte prüft den Inhalt des Schreibens. Dann
wählt er die Bereitschaftsnummer von Abteilungsinspektor Otmar Braunberger. Auf dem Hauptbahnhof
herrscht reger Betrieb. Viele Reisende kommen an, um
den Heiligen Abend und die Weihnachtsfeiertage in der
Mozartstadt zu verbringen. Florian Flackner, Duftker-
zenhändler mit einem eigenen Stand auf dem Hellbrunner Weihnachtsmarkt, lässt einem kofferbeladenen älteren Ehepaar aus Wien den Vortritt und schlendert dann
ins Freie. Er hält auf die Reihe der wartenden Taxis zu.
Einer der Fahrer öffnet ihm die Wagentür. »Nach Hellbrunn bitte!« Er ist mit sich zufrieden. Die 500 Euro
Anzahlung, die er dem verblichenen Leiter des städtischen Marktamtes bar in die Hand drücken musste,
sind zu verschmerzen. Das musste er als unvermeid-
liche Betriebsausgaben abbuchen. Und sie stehen in
einem lächerlich geringen Verhältnis zu den 22 Prozent

Umsatzbeteiligung, die er dem gierigen Herrn Hofrat in den kommenden Jahren als Schmiergeld hätte zahlen müssen. Der nette Kollege Trippelstätter hatte nur 15 Prozent bezahlt. Da war es ein Leichtes gewesen, das Offert zu überbieten. Flackner hatte ohnehin nie vor, dem Herrn Latolny auch nur einen Cent über die unvermeidlichen 500 Euro Anzahlung hinaus zu berappen.

»Ach wissen Sie was, biegen Sie nach der Staatsbrücke ab, und bringen Sie mich in die Innenstadt. Ich leiste mir noch ein Frühstück im ›Tomaselli‹.«

Das hat er sich verdient. Heute, am Heiligen Abend, ist am Hellbrunner Adventmarkt ohnehin nicht mehr viel Geschäft zu machen. Vielleicht verirren sich ein paar kaufwillige Chinesen oder Italiener ins Schlossareal. Doch der überwiegende Teil der Besucher am heutigen Tag besteht aus Familien mit Kindern, die bei Ponyreiten und Würstelbraten am Lagerfeuer sich die Zeit bis zur großen Bescherung vertreiben. Selbst wenn heute noch Hundertschaften von Kaufwilligen einfielen, würde er seinen angepeilten Gesamtumsatz nicht mehr erreichen. Die Standgebühren in Hellbrunn sind hoch, für wenige Quadratmeter blättert man schon einige Tausender hin. Das ist mit Duftkerzen kaum hereinzubringen. Mit Glühwein allerdings schon. Und wie! Kerzen interessieren die Wenigsten, aber Glühwein saufen, das will jeder. Und nicht nur einmal. Bis zu 12.000 Besucher kommen an Spitzentagen zum Hellbrunner Adventzauber. Da rinnen schon einige Hektoliter durch die fröhlichen Kehlen, und die Kassen klingeln heller als Christbaumglocken.

»Danke, lassen Sie mich hier aussteigen.« Er steckt

dem Fahrer eine 20 Euro Note zu. »Stimmt schon!«
Beschwingt hievt er sich aus dem Wagen. Der Fahrer
soll auch etwas davon haben, schließlich ist heute Heiliger Abend. Und er hat sich selbst das größte Geschenk
gemacht. Die Bewilligung, dass in der kommenden Saison er den lukrativen Glühweinstand in der Mitte des
Hellbrunner Schlosshofes führen darf, hat er amtlich.
Mit Unterschrift und Siegel! Das »*Café Tomaselli*« ist
fast bis auf den letzten Platz gefüllt. Doch er hat Glück.
Ein pensionierter Gymnasiallehrer bezahlt eben seine
Rechnung und erhebt sich. Er nimmt dankend den kleinen Tisch direkt am Fenster.

»Herr Ober, bitte einen doppelten Espresso. Dazu
eine Portion Lachs mit Rührei, ein Salzstangerl und
ein Glas Champagner.«

Heute will er sich etwas leisten. Vielleicht lässt er
sich gleich die ganze Flasche bringen. Wer weiß, ob er
später überhaupt Lust verspürt, seinen wenig einträg-
lichen Kerzenstand noch einmal aufzusperren. Muss
er auch nicht. Er wartet, bis der Kellner das Bestellte
bringt. Das Rührei ist flaumig, ganz wie er es liebt. Der
Champagner schmeckt köstlich. Er beginnt langsam
zu essen. Dazwischen nippt er immer wieder am Glas.

Es war nicht schwer gewesen, sich an die frustrierte
Gattin des geldgierigen Marktamtsleiters heranzuma-
chen. Ein paar öde Abende im romantischen Seehotel
bei Kerzenlicht und Rotwein hatte er zu absolvieren,
bei denen er der liebeshungrigen Iwana vorgaukelte,
wie sehr es ihn nach ihr verlangte. Worauf sie ihm bald
gestand, dass sie sich ein Leben ohne ihn gar nicht
mehr vorstellen könne. Die knapp ein Dutzend keu-

chender Turnübungen im Bett brachte er auch mit Bravour hinter sich. Natürlich hat er der schmachtenden Iwana nicht erzählt, dass er mit ihrem Gatten krumme Geschäfte betrieb, bei dem es ihm ausschließlich darum ging, die lukrative Bewilligung für den Glühweinstand am Adventmarkt zu bekommen.

Nein, er hatte lange vor dem Spiegel geübt, welchen Blick er aufsetzen musste, um sie davon zu überzeugen, dass es einzig und allein der Ehemann war, der für immer als unüberwindbares Hindernis vor ihrem dauerhaften Liebesglück stehe. Die Idee mit dem Digitalis war natürlich seine gewesen. Die blondierte Hofratsgattin hatte sich zwar im Bett als durchaus lernfähig erwiesen und zunehmend einen Hang zur Raffinesse an den Tag gelegt, aber strategisches Denken, das über Beautycase und Schuheinkäufe hinaus reichte, war dennoch nicht das Ihre. Er hat sie natürlich nicht direkt aufgefordert, ihrem herzkranken Ehemann eine Überdosis des Medikaments zu verpassen. Er erzählte ihr nur, dass er in einem Film einmal gesehen hätte, wie ein liebendes Paar durch genau diesen Schritt zum ewigen Glück gefunden hatte. Und die Polizei war nicht dahinter gekommen. Wer überprüft schon die eingenommene Heilmitteldosis, wenn ein offensichtlich Herzkranker an einem vorhersehbaren Herzleiden stirbt? Eben.

»Herr Ober, bringen Sie mir bitte gleich die ganze Flasche Champagner.« Er reicht dem Kellner einen Zehn Euro Schein als zwischenzeitliches Trinkgeld. Dann hebt er das Glas und prostet im Stillen der erst gestern Witwe gewordenen Ex-Hofratsgattin zu. Sie wird es nicht leicht haben im Gefängnis, davon ist er überzeugt. Er muss fast ein wenig lächeln, wenn er an gestern Abend denkt. An ihren kindlichen Übermut, mit dem sie ihm am Telefon voll Stolz erzählte, wie schlau sie es angestellt hatte. Sie hatte ihrem Mann das aufgelöste Digitalispulver aus den Tabletten unters Chili con carne gemischt. Besorgt hatte sie sich das Mittel übers Internet. Die Bestellbestätigung hatte sie nicht gelöscht. Er hatte sie bei ihrem vorletzten Rendezvous über den Internetzugang auf ihrem Smartphone entdeckt. Während sie in der Badewanne planschte, hatte er das Dokument weitergeleitet, um es später auszudrucken. Er greift nach der Champagnerflasche, schenkt nach und lehnt sich zurück. Sein Blick fällt auf die Armbanduhr. Ein Geschenk seines Vaters. Inzwischen dürfte die Kopie des Bestellformulars samt Rechnung, die er vor einer Stunde an die Polizei faxte, über den Journaldienst an die richtige Stelle der ermittelnden Behörde gelangt sein. Die Kripo wird der Spur nachgehen und noch heute einen Fahndungserfolg feiern. Die Polizei bekommt frei Haus via Fax eine Täterin serviert. Wie ein Weihnachtsgeschenk. Was will man mehr am Heiligen Abend?

»Herr Ober, die Rechnung bitte ...« Er lässt einen zusätzlichen Schein auf dem Tablett liegen.

»So, stimmt schon ...«

Der Ober verbeugt sich mehrmals, wünscht ihm ein frohes Weihnachtsfest, wunderbare Feiertage und schon jetzt ein gutes Neues Jahr.

Er bedankt sich, lacht.

Ja, das würde es werden. Mit der Zulassung für eine adventliche Goldgrube in der Tasche, war das nicht schwer.

DREIKÖNIGSMORD

Sommersonnenwende

... *vor 20 Jahren, da schmiegte sich am Morgen des Mittsommertages das durchsichtige Wolkenband wie ein Feenschleier an den türkisblauen Himmel über dem Tornionjoki. Und die Schar der Lachse, die sich in den Fluten tummelten, schien unzählbar. An die 50.000 werden es heuer sein, jubelten die lokalen Medien im Einklang mit den vielen Fischern, die sich an den Gestaden des schäumenden Flusses einfanden und von einem beginnenden »Lachssommer« schwärmten.*

Vor 20 Jahren, da beschlossen die drei jungen Männer, die von weit her gekommen waren, in den frühen Nachmittagsstunden des Mittsommertages, ihre kleinen Igluzelte abzubauen und sich auf den Weg zum Aavasaksa zu machen, von dem ihnen einer der Fischer in einem sympathischen Kauderwelsch aus Finnisch, Englisch und Händeringen erzählt hatte.

Auch das Mädchen mit dem hellblauen Plüschrentier auf dem Rucksack war auf dem Weg zur berühmten Bergkuppe, von der aus man einen weiten Blick auf Wälder und Gewässer des finnisch-schwedischen Grenzgebietes genoss. Sie kam von der anderen Seite des Flusses, den die Schweden »Torne älv« nennen. Zwei Tage lang hatte sie gezögert. Ihr Freund hatte vor einem Monat mit ihr Schluss gemacht. Sie hatte drei Nächte durchgeweint und sich vollkommen von der Außenwelt abgeschottet. Sogar an Selbstmord hatte sie gedacht. Ihr Bruder, mit dem sie immer ihre Sorgen teilen konnte, war in Ostasien. Ihre beste Freundin hatte wochenlang auf sie eingeredet und sie schließlich zu einem gemeinsamen Mittsommerausflug zum Aavasaksa überredet. Doch dann war Annegret vor zwei Tagen krank geworden. Sie hatte auch eine Einladung zu einer anderen Mittsommerparty, aber da wollte sie nicht hin. Ihrem Ex-Freund bei der Feier über den Weg zu laufen, wäre ihr ein Gräuel gewesen. Also beschloss die 17-Jährige, sich allein auf den Weg über die Grenze zu machen. Sie wusste, dass der Berg vor allem zur Sommersonnenwende ein beliebtes Ziel war. Doch ihr Staunen war groß, als sie mitbekam, wie viele Menschen an ihrer Seite dem Gipfel zustrebten. Wie ein schlafender Riese erhob der Aavasaksa sein sanftes Haupt aus der flachen Landschaft. Seine sacht ansteigenden Flanken lagen südlich des Polarkreises. Dennoch konnte man von ihnen aus zur Mittsommerzeit die Mitternachtssonne sehen. Die Lachse wussten nichts von Polarkreisen, Ekliptik und Sonnenwenden, sie zogen unbeirrt ihre Bahnen durch das klare Flusswasser. Ab und zu schnappten sie nach Fliegen oder vermeintlichen kleinen Fischen, dann zappelten sie zur Freude der Angler an unzerreißbaren Leinen. Meist aber trieb sie ihr Instinkt an Hindernissen vorbei ihrem angestrebten Ziel entgegen. Auch die drei jungen Männer hatten einen ganzen Tag lang vergeblich versucht, ihren meist von Dosensuppen bestimmten Speiseplan durch frisches Lachsfleisch aufzubessern. Gerne hätten sie sich mit silbrig glänzender Beute vor blitzenden Fluten am Flussufer fotografieren lassen, um die Daheimgebliebenen nach ihrer Rückkehr zu beeindrucken. Doch dieser Jagderfolg war ihnen nicht beschieden. So fiel es ihnen nicht schwer, ihre Zelte abzubrechen. Das Erlebnis der Mitternachtssonne auf dem Aavasaksa war gar nicht in ihren Überlegungen vorgekommen. Das lag daran, dass sie von der Möglichkeit, dieses Himmelsspektakel auf einem nahe gelegenen Berg zu erleben, nichts wussten. Sie hatten von vornherein wenig Energie in eine ausgetüftelte Reiseplanung investiert. Die drei jungen Männer, die von weit her gekommen waren, wollten einfach genießen, was ihnen der Tag inmitten der beeindruckenden, nach Abenteuer schmeckenden nordfinnischen Landschaft bot. Und dieser Tag, der vor 20 Jahren mit einem feenschleierzarten Wolkenband über dem türkisfarbenen Morgenhimmel begann, würde ihnen die Aussicht auf eine rotgoldene Sonnenscheibe bringen, die sich auch um Mitternacht nicht hinter dem Rand des Horizonts zum Schlafen legte.

*

Zeit der Wintersonnenwende

Die Wolkendecke über dem kleinen Salzburger Ort bekam Risse. Eine Handvoll verstreuter Sterne schickte ihr milchiges Licht auf die Erde. Die Sonne hatte sich den ganzen Tag über nur kurz blicken lassen, am Vormittag, als der Wolkenvorhang sich für eine halbe Stunde teilte. Zu Mittag hatte es zu schneien begonnen. In den späten Nachmittagsstunden waren die grauen Wolkenbänke immer dichter geworden. Zeitiger als sonst mussten die Bewohner des Ortes ihre Wohnzimmer und Küchen, ihre Büros und Gasträume, ihre Werkstätten und Geschäftseingänge erleuchten. Die Finsternis zog früh auf an diesem Tag, der ohnehin der kürzeste im Kreislauf der Monate war. Die längste Nacht des Jahres senkte sich bereits gegen vier Uhr am Nachmittag über das Tal. Ab morgen zeigte das Licht sich wieder täglich länger. Ab morgen würde die wachsende Kraft der Sonne der Finsternis stetig ein immer größeres Stück abschneiden. Doch jetzt herrschte noch Dunkelheit. Mit dem Aufklaffen der Wolkendecke über Kaltenbach kam auch der Wind auf. Isabelle Blankberg bereitete in ihrer Küche, die nach Süden ausgerichtet war, belegte Brote zu und hörte das helle Pfeifen, mit dem der allmählich anwachsende Sturm um das Haus zog. Sie nahm die Teller mit den Sandwiches und trug sie hinüber ins Wohnzimmer. Der Klang von Gitarrensaiten und Männerstimmen schwappte ihr entgegen.

»Es kamen drei heilige Weisen,
sie kamen vom Morgenland fern
Sie waren schon lange auf Reisen
und folgten getreu dem Stern …«

»So, Monnaleut, jetzt seid ihr schon lange genug dem Stern hinterher gereist. Zeit für eine Pause. Später könnt ihr wieder weiter proben.«

Das Erscheinen der Hausfrau wurde von den drei Männern im Raum mit großem Hallo begrüßt. Dietrich Blankberg gab seiner Frau einen Kuss auf die Stirn und machte sich auf den Weg in den Keller, um frisches Bier für die Jause zu holen.

Die alte Pendeluhr an der Wand gegenüber dem Kachelofen ließ ihren dumpfen Glockenschlag ertönen. Acht Mal. Zacharias Hotter und Arne Keppler nahmen am runden Esstisch Platz. Der Hausherr kam mit geöffneten Flaschen zurück und schenkte nach. Isabelle Blankberg setzte sich neben ihren Mann und nahm einen großen Schluck aus dessen Bierglas.

»Seit wie vielen Jahren singt ihr schon diese ›Drei-Königs-Lieder‹?« Isabelle blickte in die Runde.

»Heuer zum 13. Mal«, antwortete ihr Mann.

»Ihr könnt die Texte und Melodien doch schon im Schlaf. Ich verstehe nicht, warum ihr überhaupt noch proben müsst.«

»Weil wir Perfektionisten sind!«, ließ sich Zacharias Hotter mit halb vollem Mund vernehmen.

»Das kannst du deiner Großmutter erzählen, wenn die noch leben würde, Zachy.

Ihr legt deswegen jedes Jahr mehrere Proben ein, weil euch meine Speckbrote und das Bier schmecken und ihr bis spät in die Nacht alte Geschichten aufwärmen könnt.« Sie angelte nach dem Glas ihres Mannes. »Prost!« Alle lachten und stießen an. Dietrich Blankberg holte ein weiteres Glas und stellte es seiner Frau hin.

»Für dich, mein Schatz.«

»Aber aus deinem schmeckt es besser.« Sie wischte sich den Schaum vom Mund. Ihre Augen funkelten.

»Apropos alte Zeiten«, warf Arne Keppler ein. »Die Nellie hat mir eine DVD mitgegeben mit Aufnahmen von den letzten beiden Umzügen. Sie hat gebeten, dass wir ein paar Szenen aussuchen, die uns gut gefallen. Ab dem Stefanitag soll die Werbe-Collage auf der Tourismus-Homepage laufen und in den Hotels zu sehen sein.«

»Machen wir!«, brummte Zacharias Hotter. »Jetzt wird gejausnet. Dann noch eine Stunde geprobt. Und danach schauen wir uns die DVD an.« Er schob dem Hausherrn sein leeres Glas hin. Die hungrigen Sänger griffen wacker zu. Noch ehe die Teller leer waren, begab sich Isabelle in die Küche und besorgte Nachschub. Das Ende der Jause wurde mit einer Runde Vogelbeerschnaps begossen.

»Also dann, meine Herren, pack ma's!«

Dietrich Blankberg griff nach der Gitarre. Er überprüfte die Stimmung, drehte an den Wirbeln der hohen Saiten, dann war er bereit.

» ... sie zogen auf heimlichen Wegen,
dass Herodes sie nimmermehr fand,
und kehrten mit göttlichem Segen
zurück in das Morgenland.«

Die Wanduhr schlug Mitternacht, als Arne Keppler und Zacharias Hotter aufbrachen.

Die Hausherrin hatte sich schon gegen elf verabschiedet. In einigen Gasthäusern und Hotelbars ging es noch hoch her. Der Bürgermeister und die Tourismusverantwortlichen stießen auf eine erfolgreiche Wintersaison an. Der Schnee, der vor einer Woche endlich gefallen war und rechtzeitig vor Weihnachten die bis dahin braunen

Loipen und Skiabfahrten mit weißer Pracht überzog, hatte bei allen Hochstimmung aufkommen lassen. Und die Prognosen für die kommenden Tage waren glänzend. Ein Großteil der Gäste, die ihre Weihnachtsferien in Kaltenbach verbringen wollten, war schon eingetroffen. Der Rest würde bald folgen.

In einigen wenigen Häusern waren an diesem Abend die LED-Flachbildschirme gleich nach den Hauptnachrichten ausgeschaltet worden. Man setzte sich mit Nachbarn und Freunden zusammen, um bei Glühwein und Kletzenbrot auf die heutige »Thomasnacht« anzustoßen. Es gab in Kaltenbach noch drei bis vier Familien, die manche der alten Traditionen pflegten, die mit der längsten Nacht des Jahres im Zusammenhang standen. Heute, am 21. Dezember, war zugleich der Beginn der Raunächte. Diese besondere Zeit rund um Wintersonnenwende und Weihnachten war früher noch stärker mit Ritualen verbunden gewesen, aus denen man einen Blick in die Zukunft zu gewinnen erhoffte. Wenn die Tage wieder länger wurden, wenn man täglich zunehmend »mehr sah«, offenbarte sich auch das Zukünftige besser, glaubte man. Das vielerorts gepflegte Bleigießen zu Silvester war nur eine dieser Orakelformen, aber eine der bekanntesten. Märchen und Legenden, wonach Tiere in den Raunächten die Zukunft voraussagen, gehörten auch dazu. Das sogenannte »Lösselspiel« in der ersten Raunacht, exakt zur Wintersonnenwende, wurde nur mehr ganz selten praktiziert. Doch in Kaltenbach griffen in dieser Nacht noch in einigen Häusern eifrig ausgestreckte Hände nach Hüten, um sie vom Tisch hochzuheben. Und neugierige Augen blickten auf die unter den Hüten zum Vorschein kommenden Symbole, die andeuteten, was die Zukunft für alle Anwesenden im Raum und für den gesamten Ort bereit hielt.

Am Heiligen Abend traf der letzte Reisebus mit Gästen aus Holland ein. Die Hoteliers strahlten mit den Christbäumen in den Eingangshallen um die Wette. Der gesamte Ort war bis weit in den Jänner hinein ausgebucht.

Zur Mitternachtsmette platzte die Dorfkirche fast aus ihren barocken Mauern. Selbst die ältesten Kirchgänger konnten sich nicht erinnern, wann das kleine Gotteshaus zuletzt so voll gewesen war. Auch Zacharias Hotter, Arne Keppler und Dietrich Blankberg waren gekommen und hatten mit ihren Begleiterinnen in einer der engen Kirchenbänke Platz gefunden. Isabelle Blankberg führte ihren neuen Wintermantel, das Weihnachtsgeschenk ihres Mannes, aus. Arne Keppler hakte sich bei seiner Freundin Nellie Gschwandtner, Mitarbeiterin des Tourismusbüros, unter. Nur Zacharias Hotter erschien ohne Begleitung. Er war seit fünf Jahren geschieden.

Nach dem feierlichen Segen standen viele der Bewohner und Gäste noch auf dem Kirchplatz beisammen, um einander schöne Feiertage zu wünschen. Nicht nur einmal bekamen die drei Sänger zu hören, wie sehr man sich schon auf den heurigen Umzug und die Darbietung der Heiligen Drei Könige freute.

Der Christtag war geprägt von dichtem Schneefall und einem Sturm, dessen Heftigkeit den Betrieb der Liftanlagen stundenlang vereitelte. Der Stefanitag begrüßte dann endlich die schneehungrigen Gäste in der gesamten Region mit strahlendem Sonnenschein. Einem ausgelassenem Skitag in erfrischend klarer Winterkälte stand nichts mehr im Wege. Über die Bildschirme in den Hotellobbys flimmerten die Kultur- und Freizeitangebote der kommenden Tage. Das absolute Highlight würde der große Umzug am 6. Jänner, dem Dreikönigstag, sein. Viele der Stammgäste wussten, was sie da erwartete, und blickten mit Vorfreude auf die Szenen, die über die Screens liefen. Zottelige Gestalten mit wilden Tiermasken waren zu sehen, daneben prächtig kostümierte Figuren mit großen Spiegel-Tafeln auf den Köpfen, die sich graziös verneigten. Kinder auf den Schultern von Vätern winkten den Zwergen und Tannenzapfenmännchen zu. Begeisterte Zuschauer säumten die Hauptstraße und den Kirchplatz des Ortes. Und dann kamen die Heiligen Drei Könige ins Bild, Kaspar, Melchior und Balthasar. Sie trugen orientalisch anmutende Kopfbedeckungen mit großen goldenen Kronen. Ihre reich bestickten Mäntel hingen weit über die Flanken der Pferde, auf denen sie durch das Dorf ritten. Ab und zu hielten sie an. Melchior griff in die Saiten der Gitarre. Gleich darauf war Gesang zu hören, zwei Tenorstimmen und ein Bariton.

Es ziehn aus weiter Ferne
drei Könige einher,
sie kamen von drei Bergen
und fuhren übers Meer …

In vielen Salzburger Gemeinden wurden zwischen Weihnachten und Dreikönig Umzüge abgehalten. Wilde zottelige Schiachperchten symbolisierten dabei die Heftigkeit des Winters, die Bedrohung der Finsternis, bald vertrieben durch die Boten des Lichts, die prächtig gekleideten Schönperchten. Auch andere Figuren mischten sich mit ihrer speziellen symbolischen Bedeutung in dieses Treiben: Bergmännlein, Baumweber, Hexen, Bärentreiber, Habergeiß, Schnabelperchten, Glockenträger.

In manchen Orten waren auch die drei Weisen aus dem Morgenland Bestandteil der Darbietung. In Kaltenbach standen die Heiligen Drei Könige mehr im Mittelpunkt als anderswo. Der Großvater von Zacharias Hotter hatte nach dem Zweiten Weltkrieg die alte Tradition des Perchtenumzugs wieder aufgegriffen und war selbst in die Rolle des Melchior geschlüpft. Vor 13 Jahren hatte er das Dreikönigsamt an seinen Enkel übergeben. Der Elektromeister Zacharias Hotter, lange Jahre Bassist im Männergesangsverein, hatte sich an seine Freunde gewandt. Seit damals zogen er und seine Begleiter Arne Keppler und Dietrich Blankberg Jahr für Jahr zur Weihnachtszeit als Kaspar, Melchior und Balthasar hoch zu Ross durch die Straßen der Heimatgemeinde und sangen ihre Lieder.

»Oh, how nice!« flötete eine Amerikanerin, als sie in der Hotelhalle die Darbietung der *Three Holy Kings* auf dem Flachbildschirm wahrnahm. »What's that?« Die freundliche Dame an der Rezeption erklärte es ihr. »Oh, on January 6th, on Three Kings Day?«

Ein Ausdruck großen Bedauerns legte sich auf ihr Gesicht. Sie hatte nur bis zum 4. Jänner gebucht. Doch »this amazing festival« wollte sie unbedingt miterleben. Leider, keine Chance. Alles ausgebucht.

Zu Silvester lud das Ehepaar Blankberg eine Freundesrunde zur Party in ihr Haus. Zacharias Hotter blieb nur bis neun Uhr. Er hatte versprochen, den Großteil des Abends bei der Feier des örtlichen Judovereins zu verbringen, dessen Obmann er war. Arne Keppler und Nellie Gschwandtner blieben bis zum Mitternachtsfeuerwerk und dem traditionellen Donauwalzer. Dann wollte Nellie kurz nach ihrem Vater sehen, der mit Fieber zu Hause lag. Anschließend würde sie zu Bett gehen, denn sie hatte am Neujahrstag Frühdienst im Tourismusbüro. Arne hatte seinem Freund, dem Besitzer des Hotels »Alpenblick« zugesagt, noch auf ein Glas vorbeizuschauen. Im geräumigen Holzhaus der Blankbergs war es die Hausherrin, die sich gegen halb drei als Erste zurückzog. Die letzten Gäste verabschiedeten sich kurz nach vier. Da war Zacharias Hotter schon längst zu Hause, denn er hatte nur bis zwei Uhr mit den Judofreunden gefeiert. Einer der letzten Zecher, der sich in den frühen Morgenstunden des 1. Jänner von den Gasthäusern des Ortszentrums auf den Heimweg machte, war der Gemeindearbeiter Siegfried Tannhofer. Sein schwankender Gang führte ihn außerhalb des Ortes auch am Parkplatz des Skilifts vorbei. Dass dort einer der gemeindeeigenen Schneepflüge geparkt war, verwunderte den Mann nicht. Das war nicht ungewöhnlich. Der daneben geparkte Audi irritierte Tannhofer schon eher. Was machte das Auto von Zahnarzt Keppler um halb sechs Uhr früh auf dem Parkplatz neben der Talstation des Panoramasessellifts? Er klopfte an die Scheiben.

»He, Arne! Bist du eingeschlafen oder nur besoffen?«

Er riss die Tür auf. Der steife Körper des Mannes kippte ihm entgegen. Die rechte Schädelseite war blutüberströmt. Von der Schläfe bis zur Wange klaffte ein riesiges Loch.

*

Sommersonnenwende

... vor 20 Jahren, da verwandelte sich der Himmel in den frühen Abendstunden des Mittsommertages in ein Pastellgemälde aus stahlblauen Streifen. Rosafarbene Finger schoben sich dazwischen, an deren Wurzel eine orange leuchtende Sonne glänzte. Die in großen Abschnitten beruhigend glatte Oberfläche des Tornionjoki war ein vielfärbiges Spiegelbild des Himmels. Ab und zu bekam der Spiegel Risse, wenn einer der Lachse für Sekundenbruchteile an die Wasseroberfläche schnellte.

Dann perlten Wellenkreise nach allen Richtungen, und schäumendes Weiß mischte sich in die Komposition aus Blau und Rosa.

Die drei jungen Männer, die von weit her gekommen waren, ließen ihr Mietauto unterhalb des Gipfels stehen, um den Rest des Weges zu Fuß zurückzulegen.

Sie waren überwältigt von dem fröhlichen Treiben, das sie erwartete. Gut und gern 200 bis 300 Leute tummelten sich auf dem weitläufigen Areal an der Kuppe des Aavasaksa. Immer wieder kamen ihnen kleine hochaufgerichtete Baumstangen mit bunten Bändern und Girlanden unter. Manche waren mit Blumenkränzen geschmückt, andere mit schwedischen und finnischen Flaggen.

»Midsommarstång« erklärte ihnen ein alter Mann, der ihre erstaunten Blicke bemerkt hatte. Er schenkte Bier in drei Plastikbecher und reichte sie ihnen.

Die aufgestellten Stangen erinnerten die drei jungen Männer an die Maibäume aus ihrer Heimat. Kinder tollten herum, fassten sich an den Händen, begannen einen Reigen. Harmonikaklänge begleiteten sie. Einige Jugendliche schichteten unterhalb der Kuppe Holz auf, um später ein Feuer zu entzünden. Die drei jungen Männer wollten einen Platz weiter oben ergattern, in der Nähe des Gipfels, um einen möglichst freien Blick auf die tief stehende Sonne zu haben. Das Licht des Himmels würde in den nächsten Stunden schwächer werden. Aber die goldglänzende Scheibe würde nicht gänzlich verschwinden. Ein Naturschauspiel, von dem sie bisher nur gehört, das sie aber noch nie mit eigenen Augen gesehen hatten, erwartete sie. 242 Meter war der Aavasaksa hoch. Ein Hügelchen im Vergleich zu den Zwei- und Dreitausendern ihrer Heimat. Aber hier fand man ringsum nur Flachland fast auf Meeresniveau. Da wirkte auch eine Erhebung von gut 200 Metern eindrucksvoll.

»Trevligmidsommar«, lachte ihnen eine junge Frau entgegen und rückte zur Seite, damit sie Platz fanden. Sie reichte ihnen die Hand. »Trevligmidsommar«, grüßten sie zurück und öffneten ihre Rucksäcke, um Bierdosen und Schnapsflaschen hervorzuholen. Sie stellte sich vor. Offenbar war sie Schwedin, sprach aber zum Glück für die jungen Männer ausgezeichnet Englisch. Ja, bestätigten sie, auch in ihrer Heimat würde die Sommersonnenwende gefeiert, aber nicht so ausgelassen wie hier im Norden. Zu Hause würden sie Sonnwendfeuer, *midsummer fire, entzünden. Einige Burschen bei ihnen zu Hause sprängen durch das Feuer. Alleine?, fragte sie überrascht. Nein, meist Hand in Hand mit einem Mädchen. Und was passiert dann?, wollte sie wissen. Dann erkenne der Bursch, ob das Mädchen auch die Richtige für ihn sei, antwortete der jüngste der drei Männer und hielt der jungen Schwedin mit einem Lächeln die Schnapsflasche hin. The right girl for him. Sie griff nach der Flasche. Rätt flicka!, lachte sie und setzte die Flaschenöffnung an ihre Lippen. Dabei sah sie dem Jungen tief in die Augen.*

Ein etwa zwölfjähriger Bub mischte sich unter die Feiernden, die sich ringsum niedergelassen hatten. Er ging von Gruppe zu Gruppe, machte Fotos mit einer Polaroidkamera. Ab und zu schenkte ihm einer der Mittsommergäste ein paar Münzen. Da jauchzte der Bub und schoss gleich noch ein paar Bilder. Die jungen Männer hatten die Schwedin in die Mitte genommen. Sie teilten ihre Mahlzeit mit dem Mädchen, Rentierschinken, Käse, Brot und gelierte Moltebeeren. Dazu tranken sie Bier und Schnaps. Gegen Mitternacht verdüsterte sich der Himmel. Für ein paar Augenblicke war die Sonne in weiter Entfernung zwei Finger breit über dem Horizont noch auszumachen, dann schob sich ein breites dunkles Wolkenband vor die goldene Scheibe. Einige Minuten glommen die Ränder der Wolkenbank noch in honigfarbenen Streifen, dann wurden die schwarzen Himmelsmauern zu dick, das Leuchten erstarb. Erste Regentropfen fielen. Einige Leute unterhalb des Gipfels brachen auf. Andere tanzten weiter um die Mittsommerbäume oder prosteten einander unter lautstarkem Gejohle zu.

Auch die jungen Männer, die von weit her gekommen waren, stopften ihre Sachen in die Taschen. Was sie denn vorhätten, wollte die junge Schwedin wissen. Ihr Glück versuchen, ob sie nun endlich einen Lachs erwischten, wenn schon die berühmte Mitternachtssonne sie im Stich ließ, war deren Antwort. Die junge Frau lachte. Sie wolle mitkommen, entschied sie und griff nach ihrem Rucksack mit dem hellblauen Plüschrentier. Die Männer sahen einander an. Einer grinste. In den Augen der anderen erwachte ein freudiges Funkeln.

※

Zeit der Wintersonnenwende

In den Vormittagsstunden des Neujahrstages traf Kommissar Martin Merana in Kaltenbach ein. Die Bewohner und Urlauber des kleinen Salzburger Ortes standen unter Schock. In Windeseile hatte sich die Nachricht von der grauenvollen Entdeckung einer Leiche auf dem Parkplatz des Panoramalifts verbreitet. Die örtlichen Polizeikräfte hatten das Areal weiträumig abgesperrt und die Kollegen von der Kriminalpolizei verständigt. Die Tatortgruppe war knapp zwei Stunden nach der Benachrichtigung angekommen. Als die erste Schockwelle über den Leichenfund abebbte, dämmerten den Ortsverantwortlichen allmählich die unerfreulichen Konsequenzen dieses schrecklichen Ereignisses. Ihr Parkplatz, der in der Wintersaison Tag für Tag Tausenden Touristen für einen fröhlichen Skitag zur Verfügung stand, war nun ein Tatort. Schauplatz eines

Verbrechens. Abgesperrt von der Polizei, die bis auf Weiteres auch den Betrieb der Liftanlagen einstellte. Abgesehen vom Imageschaden, der durch die Bluttat die gesamte Region traf, war auch das wirtschaftliche Disaster durch das Wegfallen der Lifteinnahmen nicht einmal annähernd abzuschätzen. Und zudem war der Ermordete auch noch einer aus ihrer Mitte. Doktor Arne Keppler, Inhaber einer florierenden Zahnarztpraxis im Ort. Beliebter Gemeindebürger mit großem sozialem Engagement. Der sich seit Jahren auch um die Ärmsten in anderen Kontinenten kümmerte. Immer wieder seine Praxis für Monate schloss, um in Afrika oder Lateinamerika in Kliniken der Caritas und ähnlicher karikativer Organisationen auszuhelfen. Arne Keppler, der jedes Jahr zur Weihnachtszeit mit dunkel gefärbtem Gesicht und hell leuchtendem Tenor als Kaspar im Dreikönigs-Trio der Gemeinde glänzte.

»Es ist eine Katastrophe! Eine unfassbare Tragödie!« Bürgermeister Ottokar Blankberg, Cousin des Volksschuldirektors Dietrich Blankberg, brachte es mit schauderhaft bebender Stimme auf den Punkt. Er hatte es sich nicht nehmen lassen, den Leiter der Salzburger Kriminalpolizei an der Absperrung höchstpersönlich in Empfang zu nehmen, um ihm jegliche Unterstützung seitens der Gemeinde in Aussicht zu stellen.

Merana verschaffte sich einen ersten Überblick, ließ sich von Thomas Brunner berichten. Der Tatortgruppenchef vermutete den Todeszeitpunkt aufgrund seiner langjährigen Erfahrung irgendwann zwischen zwei und fünf Uhr früh. Er wollte aber der Einschätzung der Gerichtsmedizinerin nicht vorgreifen.

»Tathergang?«

»Soviel wir aus den ersten gesicherten Spuren ersehen, könnte es sich so abgespielt haben: Keppler ist aus seinem Wagen gestiegen. Die Tat passierte dort drüben, fünf Meter von seinem Auto entfernt. Die Blutspuren auf dem Boden verdeutlichen das. Tatwaffe ist mit ziemlicher Sicherheit diese Schaufel.« Er hielt dem Kommissar das in Plastik verpackte Werkzeug hin.

»Hat die der Täter mitgebracht?«

Brunner schüttelte den Kopf. »Nein, der Schneepflugfahrer hat sie als Eigentum der Schneeräumtruppe erkannt. Sie steckte in einer Halterung am Pflugfahrzeug.«

»Dann war es vielleicht keine geplante Tat. Eher im Affekt. Die Folge eines Streits.«

Der Chef der Spurensicherung nickte. »Möglich. Aber der Schlag wurde mit großer Wucht ausgeführt. Und aufgrund der Wunde vermute ich, es war nicht nur ein Schlag.

Danach hat der Täter, oder wer auch immer, den Toten zurück zum Auto gezerrt und auf den Fahrersitz gehievt.«

»Spuren eines anderen Fahrzeugs, das eventuell dem Täter zugeordnet werden kann?«

Brunner schüttelte den Kopf. »Das wird schwierig. Auf dem Parkplatz herrschte gestern bis Liftschluss Großbetrieb. Da waren Hunderte Autos unterwegs. Und danach hat es nicht mehr geschneit. Aber wir sind dran. Vielleicht hilft uns ja Tyche, die Göttin des Zufalls.«

Er entfernte sich, übergab einem seiner Männer die

verpackte Schaufel. Dann drehte er sich noch einmal um. »Das haben wir in seiner Jackentasche gefunden.«

Er kam zurück und reichte dem Kommissar einen weiteren Plastikbeutel. Ein kleiner Stoffsack war darin zu erkennen. Merana öffnete den Beutel, roch daran.

»Was ist das?«

»Myrrhe.«

»Myrrhe?«

»Ja, soviel ich von den Kollegen der örtlichen Polizeidienststelle mitbekommen habe, spielt der Tote bei einem der beliebten Umzüge einen der drei Heiligen Könige. Und zwar den Kaspar. Das ist meines Wissens der, der dem neu geborenen Heiland als Geschenk Myrrhe an die Krippe bringt.«

»Aber heute ist erst Neujahr. Warum rennt der Herr Zahnarzt schon fünf Tage vor Dreikönig mit einem Beutel Myrrhe herum?«

»Das weiß ich nicht. Ich bin nicht Jesus. Ich kann auch nicht übers Wasser gehen. Leider.« Mit diesen Worten machte der Tatortgruppenchef kehrt und steuerte auf einen der Streifenwagen zu, aus dem soeben Dr. Eleonore Plankowitz stieg, die Leiterin der Gerichtsmedizin.

»Guten Morgen, meine Herren«, grüßte sie. »Ich wünsche euch auch allen ein fröhliches Neues Jahr. Das fängt ja schon gut an.« Mit dieser Bemerkung stakste sie auf den Toten zu, der mit einer leichten Plane zugedeckt war.

Auch am Abend des Neujahrstages hatten sie noch keine aufschlussreichen Erkenntnisse, die Licht in den mysteriösen Mordfall brachten. Die Pathologin hatte bei ihrer Untersuchung die Einschätzung des Tatort-gruppenchefs über den Todeszeitpunkt bestätigt. Aufgrund der Verletzungen an Schädel und Schulter ließ sich erkennen, dass der Täter drei Mal mit großer Heftigkeit zugeschlagen hatte. Zeugen für den Mord hatten sich bisher keine gefunden. Der Parkplatz lag etwa einen Kilometer außerhalb des Ortes. Sie versuchten auch, die letzten Stunden des ermordeten Zahnarztes zu rekonstruieren. Für den Zeitraum bis kurz nach Mitternacht war ihnen Nellie Gschwandtner eine große Hilfe. Die Tourismusbüromitarbeiterin stand zwar unter Schock, konnte ihnen aber dennoch Auskunft geben. Sie war mit Arne Keppler gegen acht bei den Blankbergs eingetroffen. Sie waren beide bis etwa halb eins geblieben. Dann hätte sie Arne am Haus ihres Vater abgesetzt, um noch ins Hotel »Alpenblick« zu fahren. Der ebenfalls geschockte Hotelchef Traugott Gabler bestätigte, dass Keppler gegen drei viertel eins eingetroffen sei, eine Viertelstunde nach Ende des Feuerwerks. In seinem Haus wäre die ganze Nacht die Hölle los gewesen. Besonders die Holländer und Schweden, aber auch die Wiener und einige der Einheimischen hätten lautstark Rambazamba gemacht. »Das wäre wohl bis zum Frühstück durchgegangen, Herr Kommissar, wenn uns nicht plötzlich die schreckliche Nachricht von Arnes Tod aus jeder Feierlaune gerissen hätte.« Wie lange Keppler geblieben sei, wisse er nicht. Der Zahnarzt hatte sich nicht von ihm verabschiedet.

Meranas Leuten würde es hoffentlich gelingen, durch penible Befragung aller an der Feier Beteiligten ein Zeitdiagramm von Kepplers Anwesenheit im »Alpenblick«

zu erstellen. Auch wenn das dauern konnte. Manche der Feierwütigen waren in ihrer Katerstimmung auch am Nachmittag noch dem Tod näher als dem Leben.

Zum rätselhaften Myrrhe-Säckchen sagte ihm die Freundin des Ermordeten:

»Das hatte Arne fast immer bei sich, Herr Kommissar. Das ganze Jahr über. Ich habe ihn einmal danach gefragt, aber er gab mir keine plausible Antwort. Er sagte nur, Kaspar, der Weise aus dem Morgenland, müsse immer Myrrhe bei sich tragen. Wer weiß, wann er auf den Erlöser treffe. Das klang eigenartig. Aber mehr war ihm nicht zu entlocken.«

»Wie lange kannten Sie sich schon?«

»Seit zwei Jahren waren wir ein Paar«, hatte sie unter einem Schleier von Tränen geantwortet. »Gekannt habe ich Arne schon viel länger. Aber ich habe Jahre gebraucht, um zu ihm durchzudringen. Er war sehr verschlossen.«

Mehr brachte sie nicht heraus. Aber sie hatte ihm zum Abschied die Empfehlung mitgegeben, sich an ihren Vater zu wenden. Der leite nicht nur das Heimatmuseum, der wisse auch alles über den Dreikönigsbrauch.

Am Morgen des 2. Jänner saß Merana dann dem 70-jährigen Elias Gschwandtner gegenüber. Er hatte sich kurz über den rüstigen Pensionisten schlau gemacht. 40 Jahre im Gemeindedienst, zuletzt als Amtsleiter tätig. Mitglied der Bergrettung, der Feuerwehr und der Sportschützen. Herausgeber der großen Ortschronik zum 800-Jahr-Jubiläum der Gemeinde. Kurator des Heimatmuseums und Brauchtumskenner.

»Eine schreckliche Sache, Herr Kommissar. Ich mache mir große Sorgen um meine Tochter. Sie ist sehr an Arne gehangen. Ich mochte ihn auch gern. Hätte mich gefreut, ihn zum Schwiegersohn zu bekommen. Er war ein stiller Mann, der Unauffälligste von den dreien. Aber für mich hatte er die berührendste Ausstrahlung.«

Merana lehnte sich vorsichtig auf seinem Holzstuhl zurück. Die Lehne des Museumsstuhls schien ihm nicht vertrauenswürdig. Hinter dem alten Mann hingen Perchtenmasken an den Wänden. In der Ecke lehnte eine Fahne. Neben der Eingangstür befand sich ein Glaskasten. Zwei mannshohe Puppen in Tracht waren darin zu sehen. Sie stellten das Brautpaar einer Bauernhochzeit dar.

Merana erzählte Elias Gschwandtner von der Myrrhe in Kepplers Tasche.

»Ich nehme an, Sie kennen die biblische Legende von den drei Weisen aus dem Morgenlande, Herr Kommissar.«

Merana war halbwegs damit vertraut. Soviel man halt wusste, wenn man in der Schule aufgepasst hatte und auf dem Land aufgewachsen war.

»Die Zahl *Drei* kommt in der Bibel nicht vor, Herr Kommissar. Und von Königen ist dort auch keine Rede. Beim Evangelisten Matthäus heißt es lediglich, dass ›Sterndeuter aus dem Osten‹ also ›Magier‹ nach Jerusalem kamen und sich nach dem neugeborenen König der Juden erkundigten. Im Lauf der Jahrhunderte wurde dann die Geschichte immer mehr ausgeschmückt. Aus den Weisen wurden Könige, die Zahl *Drei* tauchte auf. Im Frühmittelalter finden sich erste

Darstellungen. Weitere Abbildungen folgten und mit ihnen wuchs die Flut der Deutungsversuche. Manche sahen in den drei Weisen das Symbol der drei damals bekannten Welten – Afrika, Asien, Europa. Andere verwiesen auf die Darstellung der drei Lebensalter: Kaspar, der Jüngling, Melchior der Mann in der Mitte des Lebens, Balthasar, der Greis. Eine Symbolik, die wir übrigens auch in vielen Kulturen im Bild der dreifachen Göttinnen finden, bis hin zu den drei ›heiligen Madeln‹ in der christlichen Kirche.«

Er griff nach einem Stift und malte *K M B* auf ein Blatt Papier. Dann sah er den Kommissar fragend an.

Der nickte. »Kenne ich. Das schrieben die Sternsinger in meiner Kindheit über die Türstöcke der Häuser. Irgendwie wurde später aus dem K ein C.«

»Damit die Kirche sagen kann: *Christus segne dieses Haus.* **C**hristus **M**ansionem **B**enedicat. Aber mit Christus haben diese drei Buchstaben nichts zu tun. Vermutlich ursprünglich auch wenig mit den Heiligen Drei Königen. K M B sind nämlich auch die Anfangsbuchstaben von **K**atharina, **M**argarethe und **B**arbara. Das sind die vorhin erwähnten ›drei heiligen Madeln‹, die, wenn Sie so wollen, ›getaufte‹ Version der viel älteren dreigestaltigen Göttin aus vorchristlicher Zeit. Aber lassen wir das.«

Er schob das Papierblatt zur Seite. »Was ich Ihnen damit nur vermitteln will, Herr Kommissar, ist die Tatsache, dass es rund um die Geschichte der Heiligen Drei Könige viele Rätsel, viele offene Fragen gibt. Und damit kommen wir zu den drei sogenannten *Gaben*: Gold, Weihrauch und Myrrhe. Auch an diesen wurde über die

Jahrhunderte viel herumgedeutet. Vielleicht kennen Sie die Strophe aus dem Dreikönigstext von Friedrich Spee:

Durch Weihrauch stellten fromm sie dar,
dass dieses Kind Gott selber war.
Die Myrrh' auf seine Menschheit wies,
das Gold die Königswürde pries.

Gold ist der wertvollste Schatz, den man in der Antike kannte, eines Königs würdig. Weihrauch spielt bei vielen Religionen dieser Welt eine Rolle. Die alten Ägypter verwendeten ihn für die Mumifizierung. Die Römer begleiteten ihre Opfer an die Götter mit aufsteigendem Weihrauch. Und Myrrhe steht für das Herbe, abgeleitet vom semitischen Wort für bitter. Symbol für Wunden und Leid, für das zutiefst Menschliche. Aber zugleich verbunden mit dem Hinweis auf Besserung. Dem bitteren Harz des Balsambaumes spricht man auch heilende Wirkung zu. Myrrhe war Bestandteil vieler wohltuender Salben.«

»Glauben Sie, dass darin der Grund liegt, warum Arne Keppler das ganze Jahr über Myrrhe bei sich trug? Besserung? Heilung?«

Der alte Mann zuckte mit den Schultern. »Tut mir leid, Herr Kommissar. Ich habe nur versucht, Ihnen ein paar Eindrücke zur vielfältigen Geschichte der Heiligen Drei Könige zu vermitteln. Welche Schlüsse Sie daraus ziehen wollen, bleibt Ihnen überlassen. Man muss manchmal weit in die Vergangenheit zurück gehen, um schwer verständliche Ereignisse der Gegenwart besser zu verstehen.«

Merana bedankte sich beim Ortschronisten für die Auskunft. Er konnte sich allerdings nur schwer vorstellen, dass ein Zahnarzt, ein wissenschaftlich ausgebildeter Mediziner, an die esoterische anmutende Wirkung eines Baumharzes glaubte, und deswegen ständig Myrrhe bei sich trug. Aber immerhin hatte derselbe Zahnarzt sich seit 13 Jahren regelmäßig auf ein Pferd gesetzt, um inmitten von wunderlichen Gestalten, die das kultische Treiben rund um die Wintersonnenwende verkörperten, einen der drei Könige aus der Weihnachtsgeschichte zu spielen.

»Noch ein Aspekt, Herr Kommissar, auf den ich Sie hinweisen will. Das Auftauchen der Weisen aus dem Morgenland steht schon in der biblischen Geschichte mit grausamem Mord im Einklang. Erst aus dem Hinweis der Magier, dass sie den neu geborenen König der Juden suchten, dämmert dem damaligen Herrscher Herodes, dass ihm da vielleicht irgendwo ein Konkurrent erwachsen könnte. Und so ließ er laut biblischer Überlieferung alle Knaben bis zum Alter von zwei Jahren hinschlachten.«

Die Geschichte vom biblischen Kindermord war dem Kommissar vertraut. Sie hatte ihm in der Volksschule schon Schaudern eingeflößt. Dass diese unvorstellbar brutale Tat mit dem Auftauchen der drei Könige in Verbindung stand, war ihm nie bewusst gewesen.

Wie Nebelfetzen, die der Wind über die verschneiten Straßen fegt, zwischen Häuser und Gärten treibt, über Dächer und Kirchtürme steigen lässt, begannen die Gerüchteschwaden durch den Ort zu wabern. Anfangs waren es nur halblaut geäußerte Andeutungen, bedeutungsvolle Blicke, in den Raum gestellte Fragen. Später

verdichteten sich vage Ahnungen zu handfesten Mut-
maßungen. Da und dort Aufgeschnapptes wurde mit
zufällig bei anderer Gelegenheit Gehörtem aufmunitio-
niert. Unklares erhob sich nach und nach in den Rang
von Gewissheit. Schon nach dem Auffinden der Leiche
fiel zum ersten Mal die Andeutung, dass die Ursache
für diese unverständliche Tat ganz sicher nicht innerhalb des Dorfes zu finden sei. Die Urheber für ein
derartiges Verbrechen könnten nur von außen kommen. Das Schlagwort von »Fremden« war schnell zur
Hand. Wobei innerhalb der Dorfgemeinschaft unaus-
gesprochene Übereinstimmung herrschte, dass mit den
»Fremden« nicht jene gemeint waren, die als Urlauber in
den Hotelsuiten und Pensionszimmern nächtigen. Die
kamen zwar auch aus fremden Ländern, manche sogar
aus dem arabischen Raum und dem einstmals kommu-
nistischen Russland, gehörten aber als zahlungskräftige
und stets willkommene Gäste zu einer völlig anderen
Kategorie von Angereisten. Fremde, denen eine derart
schändliche Bluttat zweifellos zuzutrauen war, hatten
Ähnlichkeit mit vagabundierenden Bettlern, Sinti, Asy-
lanten, organisierten Ostblockbanden. Manche Orts-
bewohner, deren Sicht auf die Welt stark vom stetigen
Verschwörungsgedanken geprägt war, mutmaßten, dass
hinter der Ermordung des beliebten Zahnarztes möglicherweise auch Agenten der Pharmaindustrie steckten.
Schließlich war allgemein bekannt, dass Arne Keppler
als Anhänger der integrativen Zahnheilkunde gern auf
alternative Behandlungsmethoden setzte und manchen
Erzeugnissen der Medikamentenindustrie misstraute.
Auch der CIA wurde ins Spiel gebracht, ebenso der

ehemalige KGB. Vielleicht war der gute Arne als gelegentlicher Hobbyfunker auf ein verschlüsseltes Geheimnis von internationaler Tragweite gestoßen. Gelegentlich mischten sich in das Aufbrodeln von gezischelten und gemurmelten Bemerkungen dann doch auch Hinweise, dass eine mögliche Ursache für die Bluttat eventuell auch mit der Vergangenheit im eigenen Dorf zu tun haben könnte. Einige hatten es immer schon gewusst, dass Arnes Mutter seinerzeit ein inniges Verhältnis mit dem verheirateten Altbürgermeister gehabt hatte, und der potente Weiberer eher für Arnes Vaterschaft infrage käme als der etwas weltfremde Postamtsleiter. Anhänger dieser Fraktion waren schon gespannt, ob besagter Altbürgermeister vielleicht am Grab des jahrelang verheimlichten Sohnes reuig zusammenbrechen und endlich mit einem verspäteten Geständnis herausrücken werde. Doch diese Partei musste sich noch etwas gedulden. Denn bis jetzt war nicht einmal klar, wann die Polizei die Leiche des ermordeten Gemeindesohnes zur Bestattung freigeben würde.

Auch an Meranas Ohr drang der eine oder andere Gerüchtesplitter, meist übermittelt durch seine Mitarbeiter, die auf den Fall angesetzt waren. Er gab nicht viel auf das übliche Dorfgeschwätz, notierte sich aber dennoch manche Bemerkung, um sich nicht später vorwerfen zu müssen, etwas übersehen zu haben.

Zielführender, so hoffte er, war das sich allmählich formende Bild über Kepplers Aufenthalt im Hotel »Alpenblick« kurz vor dessen Ermordung. Einige Gäste konnten sich erinnern, Keppler beim Verlassen des Hotels gesehen zu haben. Nur über den konkreten Zeitpunkt herrschte Uneinigkeit. Die Angaben variierten von halb drei bis drei Uhr. Einer der Barkeeper gab an, er hätte den Zahnarzt zuletzt zusammen mit einem der Hotelgäste gesehen. Sie hätten sich angeregt unterhalten. Besagter Gast wurde von den Ermittlern ausgemacht. Er stellte sich als Tjure Dagström vor.

Er konnte sich an Arne Keppler erinnern, als Merana ihm das Foto zeigte.

»Ja, diese Mann mich hat eingeladen auf ein Bier.« Dagström beherrschte die deutsche Sprache ziemlich gut. Er war etwa 40 Jahre alt, von Beruf Maschinenbauingenieur, groß gewachsen, mit einem Dreitagesbart im Gesicht.

»Kannten Sie Herrn Keppler schon von früher?«

»Nein, ich bin zum ersten Mal zu Urlaub hier. Wir sind zu stehen gekommen zufällig an der Bar. Er war sehr nett.«

»Worüber haben Sie gesprochen?«

»Über alles Mögliche. Über die Berge hier in dieser Gegend, über Skifahren, über Fußball. Über Marcel Hirscher und Zlatan Ibrahimovic. Aber nicht so viel. Weil nach circa zwanzig Minuten er plötzlich wollte verabschieden sich.«

»Kam das unerwartet für Sie?«

Er dachte nach. »Ja, ein bisschen schon.«

»Worüber haben Sie zuletzt gesprochen?«

Wieder überlegte er, ehe er antwortete. »Ich glaube, das war über meine Firma. Was ich mache beruflich und wo ich lebe.«

»Woher kommen Sie?«

»Aus Haparanda. Das ist eine kleine Ort in Nordschweden, in der Nähe zu finnische Grenze. Kennen Sie vielleicht?«

Merana bedauerte. Er war noch nie im Norden von Europa gewesen. Auch wenn er sich das immer wieder vornahm. Schweden stand weit oben auf der Liste seiner Reiseziele. Am liebsten würde er allerdings Island besuchen.

»Hat Arne Keppler Ihnen angedeutet, wohin er nach ihrem Gespräch wollte?«

Der schwedische Ingenieur schüttelte den Kopf. »Leider nein.«

Der Kommissar rief sein Team zusammen. Er berichtete von der Unterredung mit dem schwedischen Urlaubsgast. Sie versuchten, das Gehörte einzuordnen. War die Begegnung tatsächlich nur zufällig zustande gekommen? Eine unverfängliche Bar-Unterhaltung in der Silvesternacht, oder ein absichtliches Aufeinandertreffen? Und wenn ja, warum war Keppler mitten im Gespräch plötzlich aufgebrochen? Merana gab Anweisung, Erkundigungen über den schwedischen Urlaubsgast einzuholen.

»Gibt es sonst noch einen neuen Hinweis, der uns eventuell weiter bringt? Ist jemand aufgetaucht, der Keppler nach dem Verlassen des Hotels gesehen hat?«

Allgemeines Kopfschütteln.

»Was wissen wir aus dem persönlichen Umfeld des Toten. Über die Freundin, über die Dreikönigs-Kollegen?«

Nichts, was auch nur den Hauch einer Erklärung für eine mögliche Verstrickung an der Bluttat bringen würde. Auch aus dem Umfeld von Nellie Gschwandtner, der 35-jährigen Freundin, ergaben sich keine möglichen Anhaltspunkte. Sie wurde von allen als sympathische, zuverlässige, gern gesehene junge Frau beschrieben. Eine kompetente Kollegin im Tourismusbüro. Der man von allen Seiten das Glück vergönnte, einen erfolgreichen Zahnarzt als Lebensgefährten zu haben.

»Tatsächlich von allen Seiten?« fragte Merana.

Ja, bestätigte das Team. Man habe tatsächlich nichts Gegenteiliges gehört. Auch nicht in den tiefer liegenden Schichten des Gerüchtegebrodels, wo meist der Neid sein Süppchen rührt. Ähnlich Positives ließ sich auch über die beiden Sängerkollegen sagen. Zacharias Hotter, 45 Jahre alt, Inhaber eines Elektrofachgeschäftes im Ort. Seit fünf Jahren geschieden. Angesehener Gemeindebürger. Viele Jahre lang Vizebürgermeister. Nun aussichtsreicher Kandidat für den Salzburger Landtag. Dietrich Blankberg, 41, Direktor der Volksschule, verheiratet mit Isabelle, ebenfalls Lehrerin. Der gemeinsame 16-jährige Sohn verbringe derzeit ein Jahr bei einer Gastfamilie in den USA. Blankberg war auch Leiter des Männergesangsvereins, Schriftführer der Sportschützen, Obmann der Theatergruppe. Beide Herren führten auch amtlich ein untadeliges Leben. Es gäbe keine Einträge im Strafregister.

»Naja«, ließ sich plötzlich einer der Kollegen aus der örtlichen Polizeiinspektion vernehmen, der dem Ermittlerteam zugeteilt war. »Im Dorf machte einmal eine Andeutung vor drei oder vier Jahren die Runde. Der Herr Direktor Blankberg habe einen der Buben beim Schwimmunterricht unsittlich berührt. Aber es gab weder eine Anzeige noch wurde jemals wieder davon etwas gehört.«

Sie würden dem Hinweis nachgehen. Das war klar. Aber Merana wusste, wie schnell man auch als Unbefangener in Verdacht geriet. Er hatte einmal am Spielplatz einen schreienden Dreijährigen in kurzen Hosen hochgehoben, weil der gestürzt war, und weit und breit sich niemand um den Kleinen zu kümmern schien. Das hätte ihm seitens der aufgebrachten Mutter fast eine Anzeige wegen unsittlicher Berührung eingebracht.

Sie würden im Fall des toten Arne Keppler in dessen persönlichem Umfeld weiter graben müssen. Jede erhaltene Angabe gehörte mindestens dreimal überprüft und auf möglichen Wahrheitsgehalt abgeklopft. Es galt, die zunehmend überbordende Gerüchtespreu von der kärglichen Weizenwahrheit zu trennen. Eine Knochenarbeit. Aber sie waren das gewohnt bei der Mordermittlung.

Schon am Neujahrstag war die Frage unausgesprochen im Raum gestanden. Doch unter dem Eindruck des tragischen Vorfalls hatte keiner gewagt, sie auszusprechen.

Erst im Lauf des darauf folgenden Tages war die Erörterung des Problems zumindest im kleinen Kreis unumgänglich. Schließlich drängte die Zeit. Die Frage war: Was passierte mit dem Umzug? Der Aufwand im Vorfeld des geplanten Spektakels war wie jedes Jahr enorm gewesen. Hunderte von Freiwilligen aus allen Vereinen hatten unzählige Stunden in die Vorbereitungen investiert. Die Schützen, die Blasmusik, die Perchtengruppe, die Feuerwehr, die Goldhauben, der Trachtenverein, die Landjugend, die Theatergruppe und viele weitere ehrenamtliche Helfer. Die Kosten waren wie jedes Jahr hoch. Die Wirte des Ortes rechneten fix mit den kalkulierten Einnahmen, genauso wie ein Großteil der Vereine. Ganz abgesehen davon, dass viele Stammgäste ihren Urlaub so gebucht hatten, dass sie beim großen Dreikönigsumzug zugegen wären.

»Also ich bin sicher, der Arne hätte gewollt, dass wir den Umzug trotzdem abhalten. Ganz in seinem Sinne. Er war immer sehr für die Tradition. Und wir können das heurige Fest ja speziell seinem Andenken widmen.« Es war der Hauptmann der Schützenkompanie, der sich mit diesem Vorschlag als Erster aus der Deckung wagte. Der Blasmusikkapellmeister und der Obmann der Perchtengruppe stimmten ihm bei. Doch sofort erhoben sich auch die Gegenstimmen. Vor allem aus der Ecke der Landjugend und des Kirchenchores kamen die Einwände. Das sei ausgesprochen pietätlos. Es handle sich beim Tod des Gemeindemitgliedes schließlich um ein brutales Verbrechen. Der Arne wäre ein Opfer, und der Mörder sei noch nicht gefunden. Der Feuerwehrkommandant konnte den vorgebrachten Argumenten viel abgewinnen, verwies aber zugleich auf die schrecklichen Vorfälle der Terroranschläge in Paris. Dort hätten die Menschen auch demonstrativ gezeigt, dass sie sich nicht einschüchtern ließen. Man hätte bald nach den Attentaten sofort wieder Konzerte veranstaltet und Restaurants besucht. Aber das könne man doch überhaupt nicht vergleichen, warf die Vorsitzende der Goldhauben ein. Dort ging es um ein weltweites Phänomen, um ein Zeichen, dem internationalen Terror zu trotzen. Aber in Kaltenbach seien die Ursachen für das heimtückische Verbrechen noch völlig im Unklaren. Die Stimmungslage war gespannt. Im Grunde zeichneten sich in der Auseinandersetzung zwei einfach zu definierende Lager ab. Dafür oder dagegen.

Mit einem leichten Überhang derjenigen, die trotz des tragischen Unglücks der langjährigen dörflichen Tradition die Ehre geben wollten. Ein Toter aus ihrer Mitte, ja das sei furchtbar, wurde eingeräumt. Aber man dürfe die Gesamtverantwortung für die touristische, wirtschaftliche, kulturelle, gemeinschaftsbildende Situation des Ortes nicht völlig außer Acht lassen. Mit der nochmaligen Positionierung der jeweiligen Standpunkte ging man auseinander. Doch schon in den Abendstunden des 2. Jänner, unmittelbar nach der ersten Krisensitzung, begannen beide Parteien bereits intensiv, Sympathisanten für ihre Sicht der Lage zu rekrutieren. Am 3. Jänner schien es kurz, als bekäme das Lager der Umzugsverhinderer ein leichtes Übergewicht. Am 4. Jänner, als bekannt wurde, dass die Staatsanwaltschaft die Leiche noch immer nicht frei gegeben hatte, und folglich das Begräbnis ohnehin erst nach dem Dreikönigstag stattfinden konnte, bekamen die Umzugsbefürworter wieder deutlich die Oberhand.

Doch das alles änderte sich am Abend des 5. Jänner, als um 21.12 Uhr Isabelle Blankbergs Handy läutete.

»Hallo, Zacharias, was ist los?«

»Isabelle, der Dietrich hat mich vor einer Stunde angerufen, er möchte mit mir etwas besprechen.«

»Ja ich weiß, er ist auch gleich los. Er wollte die Abkürzung durch den Wald nehmen.«

»Aber er ist bis jetzt nicht bei mir eingetroffen.«

»Was? Der müsste schon längst da sein.«

»Eben. Ich hab's auch schon auf seinem Handy probiert. Aber da meldet sich nur die Mobilbox.«

»Hoffentlich ist ihm nichts passiert. Ich geh ihm sofort hinterher.« Die Stimme der Ehefrau hörte sich plötzlich ängstlich an.

»Jetzt mache ich mir auch Sorgen«, ließ sich ihr Gesprächspartner vernehmen. »Ich komme dir von der anderen Seite durch den Wald entgegen.«

Isabelles Taschenlampe warf Silberstreifen auf die verschneiten Bäume. Sie rief nach ihrem Gatten.

»Dietrich! Dietrich!«

Bald hörte sie aus weiter Entfernung ein dunkles Echo. Es war die Stimme von Zacharias. Auch er rief den Namen des Freundes.

»Dietrich!! Wo bist du??!!«

Sie begann zu laufen. Nach wenigen Minuten sah Isabelle zuckende Lichter zwischen den Bäumen. Das musste die Taschenlampe von Zacharias sein, der von der anderen Seite des Waldstücks aufgebrochen war. Schließlich trafen die Lichtkegel ihrer beider Lampen nahezu gleichzeitig auf den grausigen Fund. Am Rand des Weges war ein verkrümmter Körper auszumachen. Isabelles Ehemann. Dietrich Blankberg. Er lag auf dem Rücken. In Brust und Stirn klafften kleine runde Löcher. Die dunklen Blutstreifen, die sich aus den gezackten Wunden schlängelten, glänzten matt.

*

Sommersonnenwende

... vor 20 Jahren, da hielten sich die zusammengeknüll-
ten schwarzen Haufen wie eine bedrohliche Festung
vor der verschluckten Mitternachtssonne. Auch Stunden nach dem Auftauchen der ersten Wolkenschiffe
war die Landschaft, in der man in diesen Tagen keine
Nacht, sondern ein mattes, durch das besondere Him-
melsphänomen nie sterbendes Licht erwartete, weiterhin in befremdliches Grau gehüllt. Auf der Fahrt zum
Fluss begegnete den jungen Leuten niemand. Kein ein-
samer Fischer, kein Geländewagen, keine rucksackbe-
packten Wanderer. Niemand. Sie beschlossen, erst noch
eine Runde zu schlafen, ehe sie einen erneuten Versuch
wagen wollten, einen der flinken Lachse aus den Fluten des Tornionjoki zu fischen. Die jungen Männer, die
von weit her gekommen waren, boten dem Mädchen
eines ihrer drei Zelte an. Bevor sie sich in ihre Schlafsä-
cke zurückzogen, ließen sie noch die Wodkaflasche krei-
sen. Mehrmals. Die junge Schwedin wollte nicht mehr
trinken, aber ihre Gefährten bedrängten sie. Obwohl
die Luft abkühlte, stieg die Hitze in der Gruppe. Als die
Flasche leer war, wurde sofort eine neue geöffnet. Das
Mädchen hatte genug. Es schüttelte die behaarten Arme
ab, die sich um ihre Schultern gelegt hatten, und kroch
mit schwerem Kopf in ihr Zelt. Das Gelächter der Burschen hallte noch lange durch die menschenleere Landschaft. In den Pausen zwischen betrunkenem Lachen,
Gesängen und lallenden Trinksprüchen war das Rau-
schen des nahen Flusses zu vernehmen. Schließlich ver-
ebbten die Geräusche der Trinkenden. Sie wälzten sich

in ihre Zelte. Ruhe kehrte ein. Ab und zu schrie ein Vogel. Wind frischte auf. Aus dem Heer der schwarzen Wolken, die langsam über den sternenlosen Himmel trieben, sickerten Regentropfen, fielen als schwaches Trommeln auf die Kunststoffplanen der Zelte. Und dann zerriss ein Schrei die Düsternis. Eine Stimme voll Angst. Panisch und wütend. Eine tiefere Stimme versuchte, die helle zu überbrüllen. Die Schreie wurden dumpfer. Eine Hand presste sich auf einen Mund. Dann ein Klatschen. Hektisches Zerren an Stoff. Ein Reißverschluss surrte. Ein Zelteingang wurde aufgerissen. Zwei der noch von Schlaf und Alkohol benebelten jungen Männer tauchten aus ihrer trägen Benommenheit, wurden wach durch die erneuten Schreie, tappten ins Freie. Das Mädchen hetzte halb nackt an ihnen vorbei auf das Flussufer zu. Dahinter ihr dritter Gefährte, keine Armlänge entfernt. Bleib stehen! Bleib doch stehen, du blöde Kuh!

*

Zeit der Wintersonnenwende

Die Uhr auf Meranas Handy zeigte fünf nach zehn, als ihn der Leiter des örtlichen Exekutivpostens erreichte. Die Maschinerie der polizeilichen Ermittlung war schon im Gange. Das Krisenteam des Roten Kreuzes kümmerte sich um die völlig geschockte Ehefrau des Toten. Zwei Kollegen von der Polizeiwache brachten Zacharias Hotter nach Hause und blieben bei ihm. Zwei Spezialisten aus der Tatortgruppe, die zu Meranas Assistenz in Kaltenbach geblieben waren, sicherten erste Spuren.

Die Einsatztruppe von Thomas Brunner war verständigt und befand sich bereits auf dem Weg. Bis zum Eintreffen der Gerichtsmedizinerin wurde der Gemeindearzt hinzugezogen. Er hatte aufgrund seiner Tätigkeit innerhalb des Gebirgstals langjährige Erfahrung mit Unfalltoten, mit abgestürzten Bergsteigern, verschütteten Tourengehern, unachtsamen Bauarbeitern. Der tote Volksschuldirektor war offenbar von drei Kugeln getroffen worden. Zwei Schüsse gingen in die Brust, einer in die Stirn. Einer der beiden Tatortspezialisten kniete im Scheinwerferlicht auf dem gefrorenen Boden und machte Aufnahmen von den Blutspritzern im Schnee.

Er schüttelte den Kopf, murmelte etwas.

»Was hast du gesagt, Egon?«, wollte der Kommissar wissen. Der Kollege schaute kurz auf. Dann sagte er leise:

»Drei heilige Könige, die dachten ›Uns kann keiner!‹ Zwei hat der Tod geholt, da war es nur noch einer.«

Er widmete sich wieder den Blutspuren.

Die Nachricht von einem weiteren Toten, von der heimtückischen Ermordung des beliebten Schulleiters mitten im Wald, hatte sich wie ein Lauffeuer in den Gasthäusern und Restaurants, in den Wohnzimmern und Bauernstuben, in den Cafés und Vereinslokalen verbreitet.

Und mit der Gewissheit über die Tat stieg die Panik. Mit der Erkenntnis, dass innerhalb weniger Tage noch ein Gemeindebürger aus der Beschaulichkeit ihrer Dorfgemeinschaft einem Verbrechen zum Opfer gefallen war, fraß sich die Angst in die Augen, kroch in Gehirne und Herzen, lähmte Arme und Beine. Keine Rede mehr

von Umzug, kein Wort mehr von der unantastbaren
Beliebtheit ihrer Dreikönigszeremonie, die man fortset-
zen musste. Jetzt ging es ums nackte Überleben. Jeder
aus ihrer Mitte konnte der Nächste sein. Jagdgewehre
wurden entsichert, Sicherheitsschlösser verdoppelt.
Äxte und Messer lagen bereit. Aus versteckten Win-
keln wurden Waffen hervorgeholt, unregistriert und
keiner öffentlichen Stelle gemeldet, aber unverzichtbar,
wie sich gerade jetzt in aller Deutlichkeit zeigte.

Merana wartete das Eintreffen der erweiterten Tatortgruppe rund um Thomas Brunner nicht ab. Er wollte
so schnell wie möglich mit den einzigen beiden Zeugen reden. Die geschockte Ehefrau überließ er vorerst
noch der Fürsorge der Helfer. Aber vom Elektrounternehmer und Freund des Ermordeten erwartete er sich
Aufschlüsse zum Hergang des schrecklichen Vorfalls.

Das Haus von Zacharias Hotter lag auf einer Anhöhe,
mit weitem Blick in das Tal. Merana ließ sich von
einem der Streifenbeamten mit dem Auto hinbringen.
Der Hausherr saß wie ein Häuflein Elend auf der Eckbank in der großzügig mit hellem Holz ausgestalteten
Bauernstube. Durch die breiten Fenster sah man weit
unten die Lichter des Ortes. Vor sich hatte Hotter eine
Tasse stehen. Er wirkte verstört, bleich im Gesicht, mit
schwarzen Ringen unter den Augen. Dennoch vergaß
der sichtlich angeschlagene Mann nicht auf seine Rolle
als Gastgeber. Er bot auch dem Kommissar einen Kaffee
an. Merana stimmte zu. Ein doppelter Espresso würde
ihm gut tun. Er wartete, bis der Hausherr mit der dampfenden Tasse aus der Küche zurückkehrte. Dann begann

er seine Befragung. Er erfuhr, dass der Volksschuldirektor gegen acht Uhr angerufen hatte, weil er unbedingt mit Hotter reden wollte.

»Worüber?«

»Wir waren beide sehr unsicher, wie wir uns verhalten sollten, Herr Kommissar. Ob wir es tatsächlich dem Andenken an Arne schuldig waren, morgen beim Umzug mitzumachen. Der Bürgermeister hatte uns sehr darum gebeten. Wir fanden es einerseits richtig, andererseits fiel es uns schwer. Dietrich bat mich, noch einmal in aller Ruhe darüber zu reden. Wir sollten gemeinsam die für uns passende Entscheidung fällen.«

»Und dann?«

»Dann habe ich gewartet. Ich wusste nicht, welchen Weg er nehmen würde. Wenn er mit dem Auto fuhr, brauchte er keine zehn Minuten. Aber selbst wenn Dietrich den Fußmarsch durch den Wald wählte, würde er nicht viel länger als eine Viertelstunde benötigen. Aber er kam nicht. Nach einer Stunde rief ich Isabelle an. Wir sorgten uns beide. Sie machte sich vom Tal aus auf den Weg, ich von da heroben. Und dann ...« Seine Stimme brach. Er senkte den Kopf. Merana wartete, ließ ihm Zeit.

»Haben Sie eine Vorstellung, warum jemand Ihrem Freund Blankberg das angetan hat? Ist Ihnen inzwischen irgendeine Vermutung gekommen, worin der Grund für die Ermordung von Arne Keller liegen könnte? Und ob es überhaupt eine Verbindung zwischen den beiden Verbrechen gibt?«

Hotter starrte den Kommissar verständnislos an. In seinem Gesicht lag ein Ausdruck von Ratlosigkeit und Verzweiflung. Er schüttelte langsam den Kopf.

»Ich brauche jetzt einen Schnaps, Herr Kommissar. Darf ich Ihnen auch einen anbieten?« Merana nickte. Ein kleiner Klarer konnte nicht schaden. Es stand ihnen vielleicht noch eine lange Nacht bevor.

»Ich habe im Keller noch eine ganz besondere Flasche. Die hat mir Dietrich vor fünf Jahren zu meinem 40er geschenkt. Die hole ich jetzt, wenn es Ihnen recht ist.«

Merana machte eine Geste der Zustimmung. Der Hausherr stand auf, verschwand aus der Bauernstube. Merana stützte die Ellenbogen auf die schwere Tischplatte. Die Hände hatten noch gar nicht seinen Kopf berührt, als ein Aufschrei zu vernehmen war, gefolgt von einem Geräusch, als sei jemand gestürzt. Merana schoss in die Höhe, stürmte aus dem Zimmer. Einer der Streifenbeamten erschien aus Richtung Hauseingang. Gleichzeitig erreichten sie die offene Kellertür.

»Vorsicht!«, brüllte der Polizist und hielt Merana am Arm zurück. »Da!«

Er wies mit der Hand auf die dritte Stufe von oben. Im matten Schein der Beleuchtung schimmerte kaum wahrnehmbar Metallisches. Ein Draht war in Knöchelhöhe quer über die Treppe gespannt. Aus der Tiefe des Kellers war ein Stöhnen zu hören. Merana und der Polizist stiegen über den gespannten Metallfaden und eilten nach unten. Der Hausherr krümmte sich auf dem Boden, hielt sich ächzend die linke Schulter.

»Sind Sie verletzt?«

Er schüttelte den Kopf. »Glaube nicht«, quetschte er zwischen zusammengebissenen Zähnen hervor. Sie halfen ihm auf. Er zuckte zusammen, als ihn der Uniformierte am Oberarm berührte. »Ich denke, es ist nur ein blauer Fleck.« Vorsichtig tastete Hotter sich ab, versuchte einen Schritt. »Geht schon wieder.« Er schaute zur Stiege. »Ich bin über irgend etwas gestolpert.« Sie zeigten ihm den gespannten Metallfaden. Beim Anblick des Drahtes riss er die Augen auf, setzte sich wie benommen auf eine der tiefer liegenden Stufen. »Herrgott, was ist das? Wer will mir ans Leder?«

Das war die Frage, die auch den Kommissar beschäftigte. Unwillkürlich setzte sein Hirn den Spruch fort, den er vorhin im Wald gehört hatte. *Ein Heiliger König wollt in den Keller gehen. Er übersah den Fallendraht, da war's um ihn geschehn.*

Dieser Heilige König, der Letzte der drei, hatte zwar tatsächlich den Draht übersehen, aber noch einmal Glück gehabt.

»Wann waren Sie zuletzt im Keller, Herr Hotter?« Der Elektrohändler wirkte immer noch geschockt.

»Ich weiß es nicht mehr genau … ich glaube heute Mittag. Da holte ich zwei Bierflaschen, um sie einzukühlen.«

»War seitdem jemand bei Ihnen im Haus?«

»Ja, der Elias. Am späten Nachmittag.« Merana schaute ihn verwundert an.

»Elias Gschwandtner, der Leiter des Heimatmuseums?«

»Ja, ich wollte auch von ihm wissen, wie er zur Frage steht, den traditionellen Umzug möglicherweise abzusagen. Oder ob die Heiligen Drei Könige von Kaltenbach doch in Erscheinung treten sollen. Und ob er für diesen Fall eventuell für Arne einspringen könnte.«

»Haben Sie Elias Gschwandtner während seines Besuches einmal alleine gelassen?«

Er dachte nach. »Ja, aber nur für ein paar Minuten. Ich war kurz in meinem Büro im ersten Stock, um einige Texte auszudrucken, damit wir entscheiden, welche Lieder Elias so weit beherrscht, dass wir mit einer kurzen Verständigungsprobe auskommen.«

»Wann sollte die stattfinden?«

»Falls der Zug durchgeführt wird, morgen Vormittag.«

Merana inspizierte die Stolperfalle. Die gesamte Treppe bestand aus Holz. Der Metallfaden war links und rechts mit zwei einfachen Schrauben befestigt. Ein geschickter Handwerker brauchte für das Anbringen des Drahtes keine zwei Minuten.

Die Zeit, in der Hotter die Texte aus dem Computer suchte, hätte locker dafür gereicht.

Er stieg mit den beiden wieder nach oben. Die Lust auf Schnaps war ihm vergangen. In seinem Gehirn kreisten die Gedanken. Elias Gschwandtner als Drahtzieher hinter den Morden? Der Vater von Nellie, die seit zwei Jahren mit dem ersten Opfer befreundet war? Gab es etwas in der Verbindung zwischen Arne und seiner Tochter, das dem Vater zuwider war?

Merana versuchte, sich die Eindrücke seiner Begegnung mit dem alten Mann in Erinnerung zu rufen, Elias Gschwandtner, der viel über den dicht verästelten Legendenfluss der Heiligen Drei Könige wusste. Und nun ruhte einer der Könige aus Kaltenbach erschlagen auf dem Seziertisch in der Gerichtsmedizin. Einer war eben einem heimtückischen Anschlag mittels Stolper-

233

draht entronnen. Und der dritte lag tot auf dem vereisten Weg eines nahen Waldstücks. Mit drei Kugeln im Körper. War Elias Gschwandtner nicht auch Mitglied der Kaltenbacher Sportschützen?

Er würde ihn danach befragen. Auf der Stelle. Der Kommissar wandte sich zum Gehen. Er gab einem der Streifenbeamten den Auftrag, an der Haustür Wache zu halten und niemanden hineinzulassen. Falls jemand auftauchte, wünschte Merana umgehend verständigt zu werden. Den zweiten Kollegen bat er, ihn mit dem Polizeiwagen zum Haus von Elias Gschwandtner zu bringen.

Er traf den Leiter des Heimatmuseums nicht alleine an, seine Tochter war bei ihm. Schon den ganzen Abend über, wie beide versicherten. Sie hatten von der Ermordung Blankbergs bereits gehört. Der Tourismuschef hatte Nellie vor einer halben Stunde angerufen und ihr die schockierende Nachricht übermittelt. Beide wirkten verstört, niedergeschlagen. Spielen die mir etwas vor? Merana beobachtete aufmerksam die Gesichter von Vater und Tochter. Mit der Aussage, dass Nellie den ganzen Abend über hier gewesen war, gaben sie sich jedenfalls gegenseitig ein perfektes Alibi. Dann konnte keiner von ihnen dem bedauerlichen Volksschuldirektor im Wald aufgelauert haben. Merana konfrontierte sie mit den Ereignissen in Hotters Haus. Der alte Mann schaute ihn entgeistert an. »Und Sie glauben, Herr Kommissar, ich hätte etwas damit zu tun? Sie verdächtigen mich, den Stolperdraht angebracht zu haben?«

Merana wusste nicht, was er glauben sollte. Er hielt sich an Tatsachen. Fakt war, dass innerhalb kürzester Zeit

auf drei Männer, die eng befreundet waren, Anschläge
verübt worden waren. Zweimal mit tödlichem Ausgang.
Einer war dabei erschossen worden. Und der umtriebige
Ortschronist war Mitglied des Sportschützenvereins.

»Haben Sie Waffen im Haus, Herr Gschwandtner?«

»Nur mein Kleinkaliber-Sportgewehr. Es ist vor-
schriftsmäßig weggesperrt.«

»Wenn Sie erlauben, nehmen wir es später mit.«

Der alte Mann nickte. Wieder blickte der Kommissar
auf die beiden Personen, die vor ihm auf der abgewetz-
ten Wohnzimmercouch kauerten. Sie standen zumindest mit einem der Getöteten in sehr enger Beziehung.
Mit Arne, dem ersten Opfer. Und noch eine Verbindung gab es. Alle drei Männer waren seit vielen Jahren
Darsteller der Heiligen Drei Könige im traditionellen
Umzug. Und der Ortschronist und Heimatmuseums-
leiter war mit diesem Brauch eng verbunden. Ein Satz
aus ihrer ersten Begegnung fiel Merana ein, als Elias
Gschwandtner über das verworrene Geflecht an Deu-
tungsmöglichkeiten innerhalb der Dreikönigsgeschichte
gesprochen hatte.

*Man muss manchmal weit in die Vergangenheit
zurück gehen, um schwer verständliche Ereignisse der
Gegenwart besser zu verstehen.*

Vielleicht hatten sie bisher etwas übersehen. Vielleicht
gab es ein Detail, das aufgrund der jüngsten Ereignisse
nun in einem anderen Licht erschien. Er wollte noch
einmal zurück an den Anfang. Zu Arnes Tod und dessen merkwürdigem Verhalten in der Silvesternacht. Im
Augenblick konnte er Vater und Tochter Gschwandtner keine Verwicklung in die Anschlagsserie nachweisen.

Die Indizienlage war dünn wie Bruchharsch im Früh-
jahr. Doch das konnte sich bald ändern. Er wandte sich
an den Polizistenkollegen. »Sie bleiben hier.« Dann rief
er den Postenkommandanten an. Er ließ sich von diesem zu Arne Kepplers Wohnung begleiten.

Als sie das Polizeisiegel an der Eingangstür abrissen,
hörten sie im Innern des großzügig angelegten Appar-
tements eine Standuhr Mitternacht schlagen. Ein neuer
Tag begann. Der 6. Jänner. Der Tag der Heiligen Drei
Könige. Sie durchsuchten die Wohnung so gründlich
wie schon am Tag nach dem Mord. Bis auf den Laptop, den die Kriminaltechniker ins Labor nach Salzburg
mitgenommen hatten, war alles noch auf seinem Platz.
Sie teilten sich die Arbeit auf. Der Postenkommandant
übernahm Küche, Wohnzimmer und Kellerräume, der
Kommissar kümmerte sich um Büro und Schlafzimmer.
Wieder blätterte Merana durch die Ausdrucke in den großen Aktenordnern. Wie schon fünf Tage zuvor nahm er
jedes einzelne Buch aus den Regalen in die Hand, schüttelte die Seiten. Er erinnerte sich auch, die Schachtel mit
den abgestoßenen Kanten bereits in Händen gehalten zu
haben, die am Boden des Schlafzimmerschranks in einem
Fach steckte. Er sah erneut die alten Fotos und Doku-
mente durch. Eine Schulchronik. Das Maturafoto. Zwei
Urkunden über die Teilnahme an Skirennen, verbunden
mit zwei kleinen silbernen Medaillen an roten Bändern.
Alte Zeitungsausschnitte über den Schulball. Zahlreiche
Fotos von Ausflügen, Sportveranstaltungen, Theaterauf-
führungen. Als ihm die schon leicht vergilbte Anglerkarte in die Hand fiel, stutzte er. *Kalastuksen Association.*

Die Karte war in Finnland ausgestellt. Mit englischer Übersetzung. *Fisheries Association.* Das war ihm schon beim letzten Mal aufgefallen. Aber er hatte nicht weiter darauf geachtet. Sein Gespräch mit dem schwedischen Urlaubsgast fiel ihm ein: ... *in der Nähe zu finnische Grenze.* Er drehte die Anglerkarte um. Sie war für den Tornionjoki ausgestellt. Merana nestelte sein Handy aus der Tasche, öffnete eine der Internet-Suchmaschinen. Der Tornionjoki war ein rund 400 km langer Fluss in Lappland entlang der finnisch-schwedischen Grenze. Er galt als der größte frei fließende Lachsfluss in Europa. Merana kramte noch einmal durch den Stapel alter Aufnahmen, holte ein abgegriffenes Polaroidfoto hervor. Es zeigte einen etwa 18-Jährigen, in dem man unzweifelhaft den jungen Arne Keppler erkannte. Er streckte johlend eine Flasche in Richtung Kamera. An ihn schmiegte sich eine blonde Frau, die nur unwesentlich jünger war. Auch sie grüßte lachend in Richtung Betrachter, machte mit den Fingern das Victory-Zeichen. Das Bild war offenbar auf einem Berg aufgenommen worden. Auf der Rückseite stand eine Widmung. *For Arne. Trevligmidsommar. Luva.*

Er tippte das schwedische Wort in die Suchzeile, ergänzte es mit dem Namen des Flusses und setzte noch ›Berg‹ dazu. Es dauerte nicht lange, dann stieß er auf einen weiteren Namen. Aavasaksa. Ein Berg im Gebiet der finnischen Gemeinde Ylitornio.

Der südlichste Punkt Finnlands, von dem aus man im Sommer die Mitternachtssonne beobachten konnte. Wie ihm die weitere Recherche zeigte, lag Haparanda, die Heimat des schwedischen Urlaubsgastes, nicht weit davon entfernt. Merana ließ das Handy sinken, blickte auf das unbeschwert fröhliche Paar auf dem Polaroidfoto. Wer war dieses Mädchen? Woran erinnerte diese Aufnahme?

Merana ordnete seine Gedanken. In der Silvesternacht traf Arne Keppler an der Bar des Hotels »Alpenblick« einen Urlauber. Absichtlich oder zufällig? Der Mann kam jedenfalls aus Haparanda. Als der Zahnarzt den Namen des Ortes erfuhr, änderte sich laut Aussage des schwedischen Urlaubsgastes schlagartig dessen Verhalten. Er hatte sich rasch verabschiedet. Und wenig später war er tot. Bestand hier ein Zusammenhang? Erneut starrte er auf das alte Foto und die Fischerkarte, die vor 20 Jahren in der Verwaltungsgemeinschaft Rovaniemi ausgestellt worden war. Er zeigte dem Postenkommandanten das Polaroidfoto. Doch der konnte mit dem Bild nichts anfangen. »Ich bin erst seit zehn Jahren hier im Ort.« Merana wählte Hotters Nummer. Vielleicht wusste Arnes langjähriger Freund mehr. Doch der sicherlich noch unter Schock stehende Elektrounternehmer hatte das Handy ausgeschaltet.

»Wir fahren hin«, entschied der Kommissar.

Der Elektrounternehmer war offenbar noch auf. Im Haus brannte Licht. Vom zurückgelassenen Beamten war nichts zu sehen. Die Haustür stand weit offen. Als sie aus dem Wagen stiegen, hörten sie eine Männerstimme. Sie klang aufgeregt. Der Postenkommandant griff zur Dienstwaffe. Merana stürmte voraus.

In der großen Bauernstube bot sich ihnen ein gespenstisches Bild. Zacharias Hotter drückte sich mit panisch geweiteten Augen gegen die Polsterung der Eckbank. Eine Frau stand mitten im Raum, richtete eine Pistole auf ihn. Neben der Tür stand der uniformierte Kollege, breitbeinig, die Glock 17 im Anschlag.

»Isabelle, zum letzten Mal. Lass die Waffe fallen! Bitte!«

Die Frau fuhr herum, als Merana und der zweite Postenkommandant auftauchten.

»Nicht schießen«, brüllte der Kommissar und drückte die im Anschlag gehaltene Glock des Kollegen energisch nach unten.

»Isabelle, geben Sie mir die Pistole.« Er bewegte sich langsam auf die Frau zu.

Er war nur mehr einen halben Schritt von ihr entfernt, als sie sich abwandte. Ihre Hand zuckte wieder auf Hotter zu. »Du Schwein!«, kreischte sie und drückte ab. In der nächsten Sekunde schlug ihr Merana die Waffe aus der Hand.

*

Sommersonnenwende

... vor 20 Jahren, da spannte auch in den frühen Morgenstunden am Tag nach Mittsommernacht der Himmel sein verdunkeltes Gesicht über die Flussufer des Tornionjoki. Das schreiende Mädchen glitt über die glitschigen Steine, als die wütende Faust des zornigen jungen Mannes sie im Rücken traf. In der nächsten Sekunde prallte ihr Gesicht gegen einen der Felsblöcke nahe am Wasser. Im zerwühlten Nest der blonden Haare zeigte

sich bald ein kleiner dunkler Fleck, der langsam größer wurde. Wie ein winziger zertretener Vogel, dessen toter Körper nach allen Seiten anschwoll. Der mittlere der jungen Männer, die von weit her gekommen waren, erreichte vor dem jüngsten die Stelle am Fluss. Er ließ sich entsetzt auf die Knie fallen, rüttelte die hingestreckte Gestalt an den Schultern. Luva!!

Mein Gott, Luva!!! Doch der letzte Atemstoß war schon aus dem Mund der zerbrochenen Schönheit entwichen und zog wie ein Schmetterling gen Himmel. Auch der jüngste kam an, warf sich über das tote Mädchen. Schreie und Tränen brachen zugleich aus ihm heraus. Der älteste stand immer noch reglos daneben, öffnete langsam die zur Faust verkrümmten Finger. Erst jetzt bemerkte der mittlere, dass ihr Gefährte splitternackt war. An Hals und Brust hatte er Striemen, blutige Bahnen, gerissen von Fingernägeln.

»Und jetzt?«, herrschte er ihn an.

»Na was schon?«

Zwei besonders stattliche Vertreter aus der Familie der silbernen Lachse, seit jeher uneingeschränkte Könige des eiskalten Flusses, stoben verschreckt zur Seite, als der große Körper neben ihnen in die Fluten klatschte. Wie ein Schleier breitete sich für einen Moment ein Kranz aus blonden Haaren an der Oberfläche aus, verdunkelte das trüb einfallende, spärliche Licht. Zwei Kiemenstöße lang trieb die Frauenleiche neben ihnen. Dann riss sie die Strömung mit, und die majestätischen Silberfische konnten wieder ungehindert ihrer Wege ziehen.

*

Zeit der Wintersonnenwende

Isabelle Blankberg hatte durch Meranas Eingreifen nur einen Schuss abfeuern können. Die Kugel war durch Zacharias Hotters linke Brustseite geschnellt, weit oberhalb des Herzens. Eine Stunde später lag er bereits auf dem OP-Tisch des Bezirkskrankenhauses. Er würde überleben.

Sie hatten 20 Jahre lang nicht darüber geredet. Sie hatten die Sachen des Mädchens in ihrem Auto verstaut und 200 Kilometer entfernt in eine Schlucht geworfen. Zacharias Hotter, der als Ältester immer schon den Ton in ihrer Dreiergruppe angab, hatte den anderen noch am Flussufer den Schwur abgenommen, niemals auch nur ein Sterbenswörtchen über den Vorfall zu verlieren. Sie waren noch eine Woche in Finnland geblieben, um nicht durch eine überstürzte Abreise aufzufallen. Immerhin hatten sie das Mietauto bis zum Ende des Urlaubs gebucht. Sie lebten ständig in der Angst, dass plötzlich die finnische Polizei vor ihnen stünde, um sie zu verhaften. Doch nichts geschah. Sie durchforsteten täglich die wichtigsten finnischen und schwedischen Zeitungen, suchten nach entsprechenden Bildern und dem Namen des Mädchens, aber vor ihrer Abreise war die Leiche offenbar nicht gefunden worden. Nach ihrer Heimkehr wollte Arne, dass sie künftig getrennte Wege gehen sollten. Aber Zacharias überzeugte ihn, dass eine plötzliche Trennung der drei eingeschworenen Freunde auffallen und ganz sicher im Ort abfällige Bemerkungen nach sich ziehen würde. Dabei käme schnell die Frage auf, ob denn beim Urlaub im Norden etwas vorgefallen sei, das zu einer Entfremdung unter den Freunden geführt hätte. Arne ließ sich von den Argumenten des um sieben Jahre älteren Gefährten überzeugen. Sie beschlossen, den Kontakt weiterhin aufrecht zu halten, aber auf das Notwendigste zu beschränken. Anfangs wurden alle drei noch von der Furcht gepeinigt, die Spur des toten schwedischen Mädchens würde eines Tages dennoch zu ihnen führen. Doch nichts dergleichen geschah. Und so kam es nach einigen Jahren wieder zu einer stärkeren Annäherung zwischen ihnen.

20 Jahre lang war nicht passiert. 20 Jahre lang wurde beharrlich geschwiegen. Und dann traf Arne Keppler in der Silvesternacht einen Urlaubsgast aus Schweden an der Hotelbar. Ein purer Zufall. Es war nicht so sehr die Nennung des Ortes gewesen, die ihn offenbar in Panik versetzte. Es war die Erwähnung des Nachnamens. Anfangs hatte sich der Schwede nur mit dem Vornamen vorgestellt, Tjure. Doch als der Ingenieur über sein Kleinunternehmen sprach, kam auch der Familienname ins Spiel. Dagström. Der Name war in der Region nicht unüblich. Und genauso hieß auch das tote Mädchen. *Luva Dagström.* Sie stammte aus Övertorneå, einer Nachbargemeinde. Ob Arne Keppler befürchtete, der namensgleiche Mann aus Schweden sei mit der Toten verwandt und wegen des schrecklichen Vorfalls vor 20 Jahren auf ihre Spur gekommen, würden sie nicht mehr erfahren. Vielleicht hatte auch nur die Erwähnung des Namens in Arne die Flut der Erinnerungen wieder hochgespült. Eine einzige Bemerkung, und die Dämme waren gebrochen. Er war von den dreien stets

der Sensibelste gewesen. Auch Nellie, die ihm am nächsten gekommen war, hatte den wahren Grund für seine Stimmungsschwankungen, für seine Anfälle von tiefer Traurigkeit nie erfahren. Aber offenbar hatte Arne das getötete Mädchen aus Schweden nie ganz vergessen, sonst hätte er wohl das Bild nicht aufbewahrt. Obwohl Zacharias Hotter ihnen den Eid abgenommen hatte, jeglichen Hinweis auf die Tote zu vernichten.

Arne hatte Hotter in der Silvesternacht gegen drei Uhr angerufen. Er hatte ihm vom schwedischen Hotelgast namens Dagström erzählt. Und wie sehr ihn diese Begegnung aufwühlte. Arne hatte auch versucht, Blankberg zu erreichen. Doch dessen Handy war ausgeschaltet. Selbstverständlich hatte die Polizei Kepplers Anrufliste nach dessen Tod überprüft. Doch warum sollte einer der Heiligen Könige nicht in der Silvesternacht selbst zu später Stunde seine beiden Freunde anrufen, um ihnen in Champagnerlaune noch einmal das Allerbeste fürs Neue Jahr zu wünschen?

Hotter hatte Arne vorgetäuscht, er sei nicht allein, hätte noch einige der Judokollegen zu sich nach Hause mitgenommen. Aber er könne sich garantiert für eine halbe Stunde davon schleichen. Er schlug Arne den abgelegenen Liftparkplatz als Treffpunkt vor, da wären sie ungestört. Ob Hotter schon auf der Hinfahrt vorhatte, den anderen zu töten, war nicht ganz klar. Eher schien Merana, der Elektrounternehmer wollte sich anhören, was sein aufgebrachter Freund zu sagen hatte. Dennoch hatte er vorsorglich ein Treffen abseits seines Hauses angestrebt. Er wollte auf jeden Fall gewappnet sein. Er hatte wohl schnell erkannt, dass der seelisch labile

Arne dem Druck nicht mehr standhalten konnte. Dass er endlich ans Tageslicht bringen wollte, was seit zwei Jahrzehnten schwer auf seiner Seele lastete. Das konnte Hotter nicht zulassen. Selbst wenn aus der Distanz von 20 Jahren der Tod des Mädchens als Totschlag oder im günstigsten Fall sogar als Unfall mit tödlichem Ausgang eingestuft wurde, konnte sich das angehende Mitglied des Salzburger Landtages auch nicht den Hauch eines Skandals leisten.

Also schlug Hotter zu. Und damit sein Kollege auch tatsächlich für immer schwieg, holte er mit der Schaufel des Schneeräumfahrzeuges gleich mehrmals aus. Dann fuhr er nach Hause, in der Hoffnung, von niemandem gesehen worden zu sein.

Der gewaltsame Tod des gemeinsamen Freundes setzte dem Volksschuldirektor Dietrich Blankberg mächtig zu. Wie stark er Hotter tatsächlich verdächtigte, hinter dem Mord zu stecken, war schwer nachzuvollziehen. Die Polizei war bei der Rekonstruktion der Ereignisse zu einem nicht unwesentlichen Teil auf die Aussagen des Täters angewiesen. Der hatte beim zweiten Mord jedenfalls mit eiskalter Präzision gehandelt. Was immer der tatsächliche Grund für Blankbergs Vorhaben war, Hotter aufzusuchen, ob er mit ihm über den Mord oder doch nur über den Dreikönigseinsatz beim Umzug reden wollte, tat nichts mehr zur Sache. Entscheidend war der Anruf mit der Ankündigung des Besuches. Der Elektrounternehmer wusste jedenfalls aufgrund dieses Telefonats, dass der Volksschulleiter den Fußweg nehmen wollte. Er ging ihm entgegen, brachte seine Pistole mit und erschoss Blankberg mitten im Wald. Die Schüsse hatte er mit einem Kissen abgedämpft. Beides, Polster und Waffe, wollte er später entsorgen. Dann eilte er ins Haus zurück, installierte als Ablenkungsmanöver die Stolperfalle auf der Kellertreppe, rief in der Rolle des besorgten Freundes Isabelle an und harrte der Dinge. Die spätere Täuschung, selbst Opfer eines Anschlags auf der eigenen Kellertreppe zu sein, wäre auch fast gelungen. Als trainierter Judokämpfer konnte er sich sogar einen tatsächlichen Sturz samt blauer Flecke leisten.

Ein einigermaßen vollständiges Bild der Zusammenhänge rund um die Morde gelang der Kripo erst viele Wochen später. Vieles bei der Analyse der Tathergänge stützte sich auf die Aussagen Hotters, der zumindest schon am Krankenbett erschütterte Reue und tiefe Zerknirschung demonstrativ zur Schau stellte. Vielleicht arbeitete der verhinderte Landtagsabgeordnete auch schon an seiner Verteidigungsstrategie für den bald folgenden Strafprozess und versuchte bereits im Vorfeld, Pluspunkte für eine Senkung des Strafmaßes zu sammeln, indem er sich kooperativ zeigte.

Als Merana in den Nachmittagsstunden des Dreikönigstages Kaltenbach verließ, und rund zwölf Stunden nach den blutigen Ereignissen bei strahlendem Sonnenschein in Richtung Salzburg unterwegs war, wusste er noch wenig über die wahren Zusammenhänge. Sie hatten aus der anfangs aufgewühlten, später in Apathie abtauchenden Isabelle Blankberg nur herausbekommen, was sie zu ihrer Tat veranlasst hatte. Dietrich Blankberg war seit Arnes Tod von einer wachsenden Unruhe befallen gewesen. Er verweigerte jegliche Antwort auf die drängenden Fragen seiner Frau. Oft hatte er sich stundenlang im Arbeitszimmer eingeschlossen. Noch im Schockzustand nach dem Fund der Leiche ihres Mannes hatte sie sich langsam, aber mit Nachdruck der Fürsorglichkeit des Krisenteams entzogen. In wilder Raserei durchstöberte sie Dietrichs persönliche Sachen. Dabei stieß sie auf ein Schreiben, das er offenbar erst vor Kurzem angefertigt hatte. *Für Isabelle, falls mir etwas zustößt* stand auf dem Kuvert. Sie öffnete den Umschlag und wusste Bescheid. Der Polizeibeamte konnte wenig dafür, dass sie mit der Waffe ihres Mannes in Hotters Haus eindrang. Durch vielfache Einladungen in der Freundesrunde wusste sie, dass die Saunatür in Hotters Anwesen, die in den Garten führte, meist unverschlossen war. Wenn sie gleich geschossen hätte, wäre der Mörder ihres Mannes jetzt wohl tot. Aber sie hatte gezögert. So war schließlich der Beamte, alarmiert von Hotters Geschrei, aufgetaucht, und kurz darauf der Kommissar eingetroffen.

Merana dachte während der Heimfahrt über die bevorstehenden Konsequenzen nach. Mithilfe eines guten Anwalts kam Isabelle vielleicht sogar mit einer geringen Strafe davon. Die besonders tragischen Umstände, die sie in einen Ausnahmezustand versetzt hatten, würden für sie sprechen. Und der Kommissar war glücklich darüber, dass er den Kollegen daran hindern konnte, auf die Frau zu schießen. Wer weiß, ob Isabelle den Schuss des Polizisten überlebt hätte. Dennoch hatte durch sein Eingreifen die verzweifelte Frau schließlich doch noch die Gelegenheit ergriffen, auf den letzten der Heiligen Drei Könige von Kaltenbach zu feuern. Auf den Mörder seiner beiden Freunde. Das hatte der Kommissar nicht verhindern können. Er würde die dienstrechtlichen Folgen seines Handelns zu tragen haben.

Es dämmerte bereits, als er das Haus in Salzburg-Aigen erreichte, in dessen Obergeschoss er seine Wohnung hatte. Die Vermieterin war wie immer in der Weihnachtszeit bei ihren Enkeln im Ausland. Als er von der Straße abbog und den Zufahrtsweg einschlug, kamen ihm an der Auffahrt zum Haus einige bunt gekleidete Gestalten entgegen. Die Anführerin der Truppe, ein etwa zwölfjähriges Mädchen mit Turban, trug einen goldenen Stern auf einem Stab. Dahinter trotteten drei Heilige Könige und eine erwachsene Begleitperson, in der Merana eine Caritasmitarbeiterin erkannte. Er hielt den Wagen an und stieg aus. Die Truppe stoppte.

»Guten Abend, Herr Kommissar«, grüßte die Caritas-Frau. Die Sternsinger formierten sich im Halbkreis.

»Es ziehn aus weiter Ferne drei Könige einher, sie kamen von drei Bergen und fuhren übers Meer«, sangen die Kinder. Die Anführerin präsentierte ihren Stern und rief:

»Ihr lieben Leut', macht auf das Tor, drei Königsboten steh'n davor. So ist es Brauch, so ist es Sitte, hört unser Wort, hört uns're Bitte.«

Merana hob beide Hände und bedankte sich. »Den Rest könnt ihr euch sparen. Ihr habt eure Sprüche heute sicher schon zigmal aufsagen müssen.« Er griff zur Brieftasche und spendete 20 Euro. Die Kinder bedankten sich. »Die Inschrift haben wir schon an der Haustür angebracht.« Er nahm seine Reisetasche aus dem Wagen und winkte der Gruppe zum Abschied zu. Am Hausein-

gang blieb er stehen. Dann drehte er sich um, und rief
die Sternsinger zurück. Er bat um die Kreide. Er wischte
das C an der Haustür weg und ersetzte es durch ein K.
Die junge Truppe schaute ihn fragend an.

»Mir gefällt es so besser«, lachte er und gab der Stern-
trägerin die Kreide zurück. Die Kinder zogen ab, und
Merana betrat sein Zuhause.

Über der Tür prangte die Inschrift

K + M + B

umrahmt von der Jahreszahl.

Weitere Krimis finden Sie auf den folgenden Seiten und im Internet:

WWW.GMEINER-SPANNUNG.DE

MANFRED BAUMANN
Salbei, Dill und Totengrün

978-3-8392-1927-0 (Paperback)
978-3-8392-5111-9 (pdf)
978-3-8392-5110-2 (epub)

GEFÄHRLICHE GEWÜRZE Ein ehemaliger Manager eines Rüstungskonzerns liegt erdrosselt im Klostergarten. Warum ausgerechnet mitten in einem blühenden Salbeistrauch?, fragt sich der Salzburger Pater Gwendal. Das Wissen über die Wirkung dieser uralten Heilpflanze bringt den Benediktinermönch und Hobbydetektiv schließlich auf die Spur des Mörders. Kräuter spielen in jeder der ungewöhnlichen Krimigeschichten eine ebenso würzig-witzige wie wahrheitstreibende Rolle.

WWW.GMEINER-VERLAG.DE
Wir machen's spannend

Das Neueste aus der Gmeiner-Bibliothek

Unser Lesermagazin

Bestellen Sie das
kostenlose Krimi-
Journal in Ihrer
Buchhandlung
oder unter
www.gmeiner-verlag.de

Informieren Sie sich ...

www ... auf unserer Homepage:
www.gmeiner-verlag.de

@ ... über unseren Newsletter:
Melden Sie sich für unseren Newsletter an
unter www.gmeiner-verlag.de/newsletter

f ... werden Sie Fan auf Facebook:
www.facebook.com/gmeiner.verlag

Mitmachen und gewinnen!

Schicken Sie uns Ihre Meinung zu unseren Büchern
per Mail an gewinnspiel@gmeiner-verlag.de
und nehmen Sie automatisch an unserem
Jahresgewinnspiel mit »mörderisch guten« Preisen teil!

WWW.GMEINER-VERLAG
Wir machen's spanne